o processo IDENTITÁRIO

uma visão fenomenológica a partir de narrativas de homens pais

Gilberto Barreiros

o processo IDENTITÁRIO

uma visão fenomenológica a partir de narrativas de homens pais

Casa do Psicólogo®
uma empresa PEARSON

Editor: *Ingo Bernd Güntert*
Gerente Editorial: *Fabio Melo*
Coordenadora Editorial: *Marcela Roncalli*
Assistente Editorial: *Cíntia de Paula*
Produção Editorial e Capa: *Casa de Ideias*

Dados Internacionais de Catalogação na Publicação (CIP)
Angélica Ilacqua CRB-8/7057

Barreiros, Gilberto Ferreira

O processo identitário: uma visão fenomenológica a partir de narrativas de homens pais / Gilberto Ferreira Barreiros. – São Paulo : Casa do Psicólogo, 2014.

ISBN 978-85-8040-257-5

1. Constituição identitária 2. Práticas educativas 3. Ser pai 4. Filhos I. Título

13-0064 CDD 306.87

Índices para catálogo sistemático:
1. Paternidade – psicologia

Impresso no Brasil
Printed in Brazil

As opiniões expressas neste livro, bem como seu conteúdo, são de responsabilidade de seus autores, não necessariamente correspondendo ao ponto de vista da editora.

Casapsi Livraria e Editora Ltda.
Rua Simão Álvares, 1020
Pinheiros • CEP 05417-020
São Paulo/SP - Brasil
Tel. Fax: (11) 3034-3600
www.casadopsicologo.com.br

SUMÁRIO

Dedico este trabalho de pesquisa a todos os que buscam reflexões a respeito do que é conhecer em psicologia.

Em especial, aos meus alunos que, no meu entender, para construir conhecimento nessa área, não podem apenas ficar reproduzindo teorias já existentes e, tampouco, ficar apenas se debruçando no nível descritivo das coisas desse mundo, mas sim devem fazer reflexões a respeito da psicologia fenomenológica transcendental como caminho de fundamentação básica para o rigor científico em ciências humanas.

PREFÁCIO

Este livro traz o resultado de quatro anos de estudos, pesquisa e de participação ativa do autor no grupo de pesquisa do qual fez parte durante os anos do doutorado. É muito gratificante estar presente no momento final do estudo que resultou neste livro: a publicação do trabalho e sua disponibilização para outros pesquisadores e profissionais que atuam segundo o referencial da fenomenologia e na área de família e educação. Ainda há poucos estudos segundo essa perspectiva na área da psicologia da educação e o delineamento dos principais traços da atitude fenomenológica na pesquisa aqui apresentado poderá provocar o interesse por novas investigações nessa abordagem.

A originalidade deste trabalho foi focalizar modos de participação paterna na criação dos filhos, diferentemente de muitos estudos que apontam para a ausência real ou virtual do pai no processo de criação dos filhos. A pesquisa relatada neste livro poderá trazer interessantes subsídios para aqueles que trabalham no campo da psicologia da educação, em especial na educação familiar. Já no processo de coleta de dados teve início a contribuição deste estudo, pois, por ser uma pesquisa intervenção, os participantes, ao mesmo tempo que generosamente contribuíam para a pesquisa, tiveram a oportunidade de participar dos encontros, aliás, muito bem avaliados por eles e que tratavam da experiência de ser pai, das alegrias, das dificuldades e dos desafios.

O tema estudado, identidade, é de grande relevância para psicologia e, em especial para a psicologia da educação, pois trata da constituição de si mesmo, uma questão fundamental no processo educativo. O olhar fenomenológico apresentado no livro nos traz uma compreensão da constituição identitária como um processo que se dá no mundo, entre os homens, afastando-se de concepções mecanicistas que substancializam esse fenômeno na forma de uma "estrutura interna" cristalizada. O autor fundamenta-se no pensamento de Paul Ricoeur para nos apresentar sua concepção do processo identitário, sempre situado no mundo e sempre concernente ao outro: é com o outro que o si mesmo se constitui. Ricoeur nos apresenta o si mesmo como interpretação de si mediada pela narrativa, um processo que tem o potencial de se transformar ao longo da vida das pessoas.

Como será possível constatar-se na leitura do livro, a narrativa mostrou-se como um recurso muito fértil, desde o momento em que os homens, ao contarem sua experiência como pais e também como filhos, descobriam novos significados, até a elaboração da interpretação do autor em um texto em que tratava do conjunto das falas dos pais. É experiência frequente que, ao narrar uma situação vivida, esta se configura com novos significados para o narrador e aponta para novos sentidos. Isto ocorreu com os participantes. Já a elaboração da narrativa final do autor sobre o fenômeno da identidade resultou de um árduo e disciplinado trabalho de interpretação, que desvelou interessantes aspectos sobre a constituição identitária de homens pais.

O leitor poderá tomar conhecimento de algumas questões que se revelaram importantes para os pais e que se tornaram temas dos encontros, como, por exemplo, "de que modo explicar aos filhos a necessidade de sair da sua companhia para trabalhar", "como lidar com a dificuldade de dizer não e de enfrentar a birra", "qual o lugar do pai na convivência familiar". Pode-se observar que, diferentemente do olhar preconceituoso muitas vezes dirigido aos homens das classes trabalhadoras e moradores da periferia pobre das grandes cidades, esses pais se mostravam preocupados em serem bons pais e em definir seu lugar nas famílias que constituíram, que, em muitos casos, eram muito diferentes de suas famílias de origem. A postura fenomenológica permitiu que se investigasse o sentido das narrativas dos pais sem a imposição de teorias e de preconceitos ao fenômeno que se desvelava: quem são esses pais, como se percebem como tais?

Seus resultados e considerações resumem a contribuição deste estudo para a área de Família e Educação e provocam para a continuidade do trabalho com homens pais, que se torna cada vez mais importante em um mundo que rapidamente muda e questiona antigas práticas e papéis na família.

Heloisa Szymanski

INTRODUÇÃO

O estudo proposto neste livro teve como objetivo compreender o processo identitário de homens pais, de uma creche da zona norte de São Paulo, a partir das narrativas de suas práticas educativas em relação aos seus filhos. Buscou-se por meio das narrativas os encadeamentos de sentidos que se desvelaram e que puderam ser compreendidos enquanto parte relacional do processo de constituição identitária desses homens. O objetivo, portanto, foi compreender os sentidos que surgiram nas narrativas produzidas pelos homens pais referentes a suas práticas educativas em relação a seus filhos e tomá-las como parte fundamental do processo de constituição identitária.

Nesta mesma perspectiva, os estudos das narrativas propostos por Paul Ricoeur (1978) e Bruner (1997) e, especialmente, o conceito de identidade narrativa de Paul Ricoeur (1990, 1991) embasaram epistemologicamente este trabalho enquanto possibilidade de conhecimento descritivo e compreensivo, levando-se em conta a complexidade dos sentidos dos fenômenos.

Desse modo, estive assentado em uma visão fenomenológica que abriu a possibilidade da construção de um conhecimento descritivo e compreensivo, levando-se em conta e relatividade dos sentidos dos fenômenos. A fenomenologia husserliana (1990, p. 11) enquanto "colchão epistemológico" remete a uma nova maneira de se fazer ciência. Em vez de procurar explicar a causa e o efeito de um fenômeno devemos nos debruçar em um primeiro momento sobre a descrição e posterior compreensão deste, isto é, devemos procurar a compreensão dos sentidos de um determinado evento, fato ou fenômeno essencial por ser portador de um sentido que deverá ser elucidado e compreendido e não explicado. "O conhecimento refere-se ao objeto com um sentido variante, em vivências variantes, em mutáveis afecções e ações do eu" (Husserl, 1990).

A fenomenologia husserliana não busca um sentido dado a ser pesquisado, mas um sentido que se dá, se constitui simultaneamente na relação homem-mundo. Neste prisma, existir é um processo, um vir-a-ser, um tornar-se. Desta maneira, podemos constatar em Husserl (1967, p. 34) que a fenomenologia leva em conta a forma de aparição dos fenômenos a uma determinada consciência e não uma realidade metafísica de causa e efeito que permita o processo de categorização, objetivação ou mensuração de um conhecimento que se encontra em determinado objeto da natureza, "[...] tudo aquilo que se chama psicologia, considerado em si, é simplesmente fenômeno, e não natureza".

Por este prisma, não houve, neste trabalho de pesquisa, a consciência pura a ser descoberta, a separação sujeito-objeto caiu por terra. O processo de constituição identitária, segundo Ricoeur (1991), objeto deste estudo, foi compreendido através da ressonância a uma postura epistemológica que não visa o *ego cogito* cartesiano

"[...] em que o **eu** se defina como eu empírico ou como eu transcendental, em que o **eu** seja colocado independente, isto é, sem confrontação com o outro, ou relativamente, requerendo a egologia o complemento intrínseco da intersubjetividade" (p. 14).

Ao contrário, esta pesquisa atrelou-se a um conceito de identidade mediado pela função narrativa que se caracteriza pelo caráter relacional sem se atrelar a nenhum modelo causal do processo de constituição identitária, tal qual formulada por Paul Ricoeur (1991). Este autor surge, para esta pesquisa, como um dos grandes pensadores do tema – da constituição de um si-mesmo, enquanto identidade narrativa.

> A pessoa compreendida como personagem de narrativa não é uma entidade distinta de suas experiências, bem ao contrário: ela divide o regime da própria identidade dinâmica com a história relatada. A narrativa constrói a identidade do personagem, que podemos chamar de identidade narrativa, construindo a da história relatada. É a identidade da história que faz a identidade do personagem (Ricoeur, 1991, p. 176).

Para este autor o "si" ou si-mesmo nunca pode ser compreendido independente como um *ego cogito*. O "si" está engendrado com o outro que é complemento intrínseco da intersubjetividade. Dizer "si" não é dizer "eu". O "eu" se põe ou é deposto. Para Ricoeur (1991, p. 30) "[...] o 'si' está implicado a título reflexivo nas operações cuja análise precede a volta a ele próprio".

Ricoeur (1991) nos coloca o conceito do "si" essencialmente situado em relação a uma abertura para com o mundo e, desse modo, essencialmente concernente ao outro. O "si" é correlato ao ser-no-mundo da fenomenologia existencial. Podemos entender que:

> Somente um ente que é um si está no mundo; correlativamente, o mundo no qual está não é a soma dos entes que compõem o universo das coisas subsistentes ou ao alcance da mão. O ser do si supõe a totalidade de um mundo que é o horizonte de seu pensamento, de seu fazer, de seu sentir – em suma de sua preocupação (Ricoeur, 1991, p. 363).

A partir deste conceito, devido à multiplicidade de sentidos do Ser que se constitui em sua relação para com o mundo, a tese da identidade narrativa é introduzida por Ricoeur (1991) de maneira correlativa à constituição de um si-mesmo pautado pela historicidade e temporalidade.

A constituição identitária ao olhar fenomenológico se caracteriza pela busca do fenômeno como ele se apresenta sem referenciá-lo a teorias ou a uma busca de substancialidades nas coisas. Dessa maneira, para Ricoeur (1978, p. 12, grifo original) "[...] a questão da historicidade não será mais a do conhecimento histórico concebido como método. Ela designa a maneira como o existente <u>está com</u> os existentes".

Em sua pesquisa sobre as noções de como ocorre a constituição identitária, Ricoeur (1991, p. 138) elabora uma problemática a ser trabalhada, "[...] a saber, a das identidades pessoais, que só pode precisamente se articular na dimensão temporal da existência humana", o existir se articula a partir do processo de instauração de sentido, que surge no experienciar do homem no mundo.

> A compreensão de si é uma interpretação; a interpretação de si, por sua vez, encontra na narrativa,

> entre outros signos e símbolos, uma mediação privilegiada; esse último empréstimo à história tanto quanto à ficção fazendo da história de uma vida uma história fictícia ou, se preferirmos, uma ficção histórica entrecruzando o estilo historiográfico [...] (Ricoeur, 1991, p. 138).

Em conformidade com este pensamento, em que não existe o ser puro, com uma identidade natural, a qual devemos buscar, mensurar e revelar, Merleau-Ponty (1996, p. 19) nos mostra que "[...] o mundo fenomenológico não é a explicitação de um ser prévio, mas a fundação do ser". Assim, a fenomenologia não procura o preexistente do ser, mas o que se funda, o que se constitui de sentidos no ser no encontro que se estabelece entre este ser e o mundo e que se manifesta de forma narrativa. Este sentido que se constitui se dá devido a uma produção humana voltada para sua própria história, sempre mediada inclusive por nosso próprio corpo que é justamente o meio pelo qual as coisas podem ser conhecidas assim como são. Assim, o campo fenomenal humano para Merleau-Ponty (1996) organiza os dados sensíveis configurando-os, para o sujeito, enquanto fenômeno. Em suas palavras temos:

> A luz de uma vela muda de aspecto para a criança quando, depois de uma queimadura, ela deixa de atrair sua mão e torna-se literalmente repulsiva. A visão já é habitada por um sentido que lhe dá uma função no espetáculo do mundo, assim como em nossa existência. O puro <u>quale</u> só nos seria dado se o mundo fosse um espetáculo e o corpo próprio um mecanismo do qual o espírito imparcial tomaria conhecimento. O sentir, ao contrário, investe a qualidade de um valor vital; primeiramente apreende

> em sua significação para nós, para esta massa pesada que é nosso corpo, e daí provém que ele sempre comporte uma referência ao corpo. O problema é compreender estas relações singulares que se tecem entre as partes da paisagem ou entre a paisagem e mim enquanto sujeito encarnado, e pelas quais um objeto percebido pode concentrar em si toda uma cena, ou tornar-se imago de todo um segmento de vida (Merleau-Ponty, 1996, p. 84).

Nesse contexto, nem o ser e nem o mundo constituem-se sozinhos (é simultâneo). A consciência do ser não é um receptáculo e nem um órgão para metabolizar a realidade. A consciência do ser e do mundo surgem simultaneamente, um sentido aparece. Citando novamente Merleau-Ponty (1996):

> O mundo fenomenológico é não o ser puro, mas o sentido que transparece na intersecção de minhas experiências, e na intersecção de minhas experiências com aquelas do outro, pela engrenagem de umas nas outras; ele é, portanto, inseparável da subjetividade e da intersubjetividade que formam sua unidade pela retomada de minhas experiências passadas em minhas experiências presentes, da experiência do outro na minha (p. 18).

Esse processo é aqui entendido como experiências e sentidos que se constituem em meio a trocas intersubjetivas e compreendem não só uma condição socializadora, como também um processo de constituição identitária. Segundo Merleau-Ponty (1996, p. 142) "[...] ser uma consciência, ou, antes ser uma experiência, é comunicar interiormente com o mundo, com o corpo e com os outros, ser com eles em lugar de estar ao lado deles".

A fenomenologia aponta para este caráter relacional do processo de constituição identitária, oposta a uma ideia de substancialidade, pois implica a transmissão de sentidos na constituição de si mesmo, na compreensão do mundo e dos outros. Esses sentidos não existem em si, a um sujeito isolado, mas se constituem em seu estar-no-mundo. Dessa forma, a busca da compreensão do fenômeno – no meu caso, o processo identitário – baseou-se na premissa de que:

> O homem é sujeito e objeto do conhecimento e vivencia intencionalmente sua existência, atribuindo-lhe sentido e significado, os quais envolvem a percepção que a pessoa possui de si mesma, sua relação com os outros e com o mundo num determinado momento histórico (Bruns, 2003, p. 72-73).

Nessa mesma linha de pensamento com essas conceituações, Bruner (1997, p. 100) nos alerta que as pessoas "[...] transformam em narrativa sua experiência do mundo, assim como o papel que nele desempenham". Desse modo, Bruner (1997) também trabalha com a ideia de um si-mesmo relacional e contextualizado social e culturalmente, oposta à de um ser essencial (substancializado).

Nessa perspectiva, os sentidos e significados constitutivos do sujeito são vistos como um produto das situações nas quais o indivíduo dialeticamente vai constituindo um si-mesmo – em um processo identitário – ancorado em suas narrativas. Bruner (1997, p. 98) mostra que "[...] os outros também são interpretados narrativamente, de modo que nossa narrativa sobre nós mesmos contada para um outro é, com efeito, duplamente narrativa".

A narrativa para Bruner (1997) é entendida não apenas como um discurso, mas é o encadeamento de sentidos de diversas experiências com o mundo, logo toda narrativa tem um sentido e traz a relação entre as experiências do homem no mundo por um encadeamento de sentidos pelo si-mesmo. Segundo Bruner (1997, p. 100), "O si-mesmo então, não é algo estático ou uma substância, mas uma configuração de eventos pessoais em uma unidade histórica que inclui não apenas o que fomos, mas também antecipações do que seremos".

A narrativa é considerada para Bruner (1997) um modo de utilizarmos a linguagem, por meio de significados e expressões pessoais. É considerada um modo de construção de sentidos que se expressam no narrar. Esses sentidos têm a sua construção em meio aos significados construídos socialmente e expressam de modo subjetivo e interpretativo como cada indivíduo experiencia e configura o mundo. O reconhecimento de que as pessoas transformam em narrativas suas experiências de mundo nos leva a "focalizar os significados em cujos termos o si-mesmo é definido tanto pelo indivíduo como pela cultura na qual ele participa com as práticas nas quais os significados do si-mesmo são tingidos e colocados em uso" (Bruner, 1997, p. 101).

Compreendendo que toda experiência é simbólica e que pode, deste modo, vir a ser comunicacional, Silva (1992), ao realizar uma reflexão sobre a obra de Ricoeur (1978), admite em última análise que toda constituição da realidade ôntica de nossas experiências admite em si fundamentalmente a potencialidade hermenêutica e narrativa; isto quer dizer, que a nossa experiência:

> Está sempre articulada e configurada por meio de signos, que procuram interpretar a sua própria opa-

> cidade [...]. Fazer a experiência é aqui sofrê-la, isto é, exprimi-la numa linguagem ambígua e complexa, a linguagem da autoimplicação e do testemunho [...], por outras palavras, só a condição linguístico-intersubjetiva fundamental deste tipo de experiência (do inexprimível) torna possível a sua realização (Silva, 1992, p. 24).

Entendemos então a narrativa não só como um modo particular de contar uma história, um acontecimento, uma experiência, mas sim como uma maneira de converter sentidos humanos, por meio da linguagem, que se constitui nesse ato. A narrativa é compreendida como uma organização da experiência do ser-no-mundo-com-os-outros, configurando sentidos pessoais pertencentes a um corpo fenomenal contextualizado histórica e temporalmente. Isto é, pertencente a um corpo compreendido como agente ativo na produção da experiência como aponta Merleau-Ponty (1996).

A partir dessa aproximação conceitual do caráter relacional da constituição identitária, foi eleita para compreensão dos sentidos, das narrativas produzidas pelos homens pais, a fenomenologia hermenêutica proposta por Ricoeur (1978). O autor assim compreende:

> A ontologia aqui proposta não é separável da interpretação. Permanece presa ao círculo formado conjuntamente pelo trabalho da interpretação e pelo ser interpretado. Portanto, não se trata de uma ontologia triunfante. Nem tampouco se trata de uma ciência, pois ela não poderá subtrair-se ao risco da interpretação. Nem tampouco escapa inteiramente à guerra intestina a que se entregam as hermenêuticas (p. 23).

Tomei, então, a fenomenologia como método por se caracterizar por uma atitude de pesquisa que se abriu, para esta pesquisa, como um caminho para interrogações, compreensões, interpretações e elucidações a respeito do processo de constituição identitária tal qual proposto por Ricoeur (1991).

1. O OLHAR FENOMENOLÓGICO

Transitarei agora, embora já tenha usado de alguns conceitos no capítulo anterior, em relação aos conhecimentos da fenomenologia, que embasou epistemologicamente este trabalho enquanto método de inquirir os fenômenos centrados na relação homem-mundo. Nessa perspectiva, o homem foi compreendido como ser de infinitas possibilidades, levando-se em conta a complexidade dos diversos sentidos que este possa vir a constituir nesta experiência vivida de ser-no-mundo.

A fenomenologia de Husserl (1967) nos abre os olhos para o erro grave de se naturalizar a consciência, "coisificar a consciência", isto é, considerar a consciência uma categoria, coisa que existe e que se apresenta numa suposta natureza do homem, que pode acabar sendo objetivada, como única expressão possível do ser e, dessa maneira, possibilitando a naturalização, a explicação e a generalização científica do ser humano.

A fenomenologia, enquanto método, se debruça em um caminho de pesquisa contextualizado, temporal e histórico de constituição de sentidos, recusando-se a toda e qualquer cristalização ou substantivação da consciência, caminhando por estradas diferentes de posturas epistemológicas que buscam verdades universais tais quais formuladas pelo racionalismo de René Descartes (1596-1650) ou pelo positivismo de Auguste Comte (1798-1857). Nesse modo de pensar fenomenológico, não importa mais a pergunta sobre a verdade objetivada, conceitual, medida e controlada. A verdade não é mais substantivada, seja pela razão ou pela pesquisa empírica. Agora vira fenômeno, um vir-a-ser de sentidos. Assim, a constituição identitária foi interrogada, nesta pesquisa, enquanto fenômeno, de modo predominante pelos conceitos principais de Husserl (1990), buscando genuinamente aquilo que pode ser desvelado, isto é, "ir às coisas mesmas".

Neste modelo de se fazer ciência, não há "uma coisa em si" a ser buscada, isto é, pertencente ao mundo e fora de nós, pois não há uma coisa, uma natureza a ser encontrada, mas uma relação que se apresenta dando sentidos a este encontro homem-mundo. A fenomenologia busca uma intenção do sujeito, um movimento, um olhar que remete às coisas do mundo. Não há uma coisa que se opõe a outras coisas, não há uma realidade substancial a ser procurada. O conhecimento para a fenomenologia só é apreendido nesta relação e, por este motivo, nunca irá apresentar-se neutra. Segundo Bello (2004, p. 97) "[...] a fenomenologia não distingue de modo radical a relação entre o sujeito e o objeto: o que conta é a relação intencional entre os dois". Nesta postura não há a busca de um conhecimento científico natural que possa legitimar uma ordem das coisas a serem confirmadas tal qual a postura positivista. Assim,

> Não iremos de momento ocupar-nos das questões relativas ao alcance da apodicticidade do eu sou. Vamos, portanto, dirigir a luz da evidência trans-

> cendental não já sobre o *ego cogito* – este termo tomado no sentido cartesiano mais vasto –, mas sobre as *cogitationes* múltiplas, quer dizer, sobre a corrente da consciência que forma a vida deste eu (no meu eu, o eu do sujeito que medita). O eu idêntico pode a qualquer momento dirigir o seu olhar reflexivo sobre esta vida, quer ela seja percepção ou representação, juízo de existência, valor de volição. Pode a qualquer momento observar, explicitar e descrever o seu conteúdo (Husserl, 1996, p. 46).

Nessa perspectiva, a fenomenologia surgiu como uma forma crítica sobre a fala exata da ciência positivista que está sempre ancorada em causalidades objetivas, interrogando apenas o comportamento observável e controlável (do empírico) ou ao dogmatismo do racionalismo, que afirma o conhecimento como produto de algo que o homem já vem dotado (da razão). Dessa maneira, para Bicudo (2000, p. 71), "[...] a fenomenologia prescinde de pressupostos teóricos e de um método de investigação que, por si só, conduza à verdade".

A fenomenologia de Husserl (1990, p. 44), a seu modo, nos coloca diante das perguntas: "O que se pode realmente conhecer?; Quais os limites da razão?; Quais os limites da ciência positivista?. Para a fenomenologia, o conhecimento é, pois, apenas conhecimento humano, ligado às formas intelectuais humanas, incapaz de atingir a natureza das próprias coisas, às coisas em si".

Este método de investigação oferece um caminho para o conhecimento que parte inicialmente da descrição e posterior compreensão do fenômeno, prescindindo, dessa maneira, de ideias teóricas preconcebidas. Como bem mostram Bicudo (1990, 1997, 1999), Cipullo (2001), Espósito (1993), Giorgi (1990), Gomes (2006), Marino (2002) e Morato (2009), este é o recurso utilizado pela fenomenologia para se chegar "à coisa mesma" não partindo de conceitos ou teorias anteriormente já preconcebidas. É um suspender a suposição natural do mundo ou uma *epoché*. Colocamos de lado a noção de um mundo em si e todas as teorias explicativas construídas pela ciência da natureza. Devemos também colocar de lado a consciência considerada independente do mundo, assim como as teorias das ciências do homem. Só assim abandonamos uma atitude natural e assumimos uma atitude fenomenológica.

Bello (2004), ao refletir sobre a história da filosofia e suas relações com a fenomenologia, nos mostra que todo o adepto da fenomenologia, seja qual for sua vertente, utiliza-se:

> Do mesmo método de investigação que é o método analítico. O método analítico significa que não se parte dos princípios sumos derivando deles às consequências, mas parte-se sempre do que se vê, buscando compreender e descrever o dado. Esse é o elemento comum a toda escola. Portanto, o método de Husserl é aceito por toda escola e nesse sentido podemos dizer que há uma escola fenomenológica, a qual aceita esta maneira de "ir ao encontro das coisas", não partindo de ideias preconcebidas, já feitas (p. 73).

Como vemos, nessa perspectiva, mundo e homem não existem separadamente; "a coisa mesma" não é entendida enquanto realidade existindo em si, mas como fenômeno, isto é, como manifestação. E, esse fenômeno integra a consciência e o objeto, unidos pelo ato intencional da consciência do sujeito que pesquisa. A união se dá pela intencionalidade da consciência que é considerada para a fenomenologia doadora de sentido. Assim, Forghieri (2004, p. 15) reconhece que "[...] o mundo não é pura exterioridade e o sujeito não é pura interioridade, mas a saída de si para um mundo que tem uma significação para ele".

A intencionalidade é então essencialmente o ato de atribuir um sentido, unificando dessa forma sujeito e mundo, fazendo com que a consciência se torne doadora de um sentido na relação que estabelece com o objeto. Desse modo, não existe uma realidade objetiva independente da separação do sujeito que pesquisa e do objeto pesquisado. Nessa mesma direção, as reflexões feitas por Bruns (2003) nos mostram que:

> Quando o olhar instigante do pesquisador se dirige à busca da compreensão de um fenômeno, baseando-se na premissa de que o homem é sujeito e objeto do conhecimento e vivencia intencionalmente sua existência, atribuindo-lhe sentido e significado, ou seja, quando não há um ser "escondido", uma realidade "em si mesma", objetiva e neutra atrás das aparências do fenômeno (uma vez que a intencionalidade da consciência permite as mais variadas perspectivas acerca do objeto) nesse momento, o paradigma fenomenológico está presente (p. 72).

Para a fenomenologia husserliana, a consciência e o objeto não são duas entidades separadas, mas se definem respectivamente pela correlação entre si, trata-se de analisar a forma em que certo conteúdo se manifesta na experiência, isto é, o sentido ou essência enquanto vivência do perceber, portanto para Husserl (1996, p. 6) "[...] a intencionalidade não é algo fixo, o eu puro, não é apenas consciência imanente, mas também a instância de doação de sentido e de ser. A subjetividade não é constituinte, não cria, mas funda o transcendente no imanente".

A pesquisa fenomenológica, então, não pretende ir ao encontro do objetivável ou do que pode ser verificado, mas ir ao encontro de um fenômeno e construir uma compreensão de algo que se mostra na experiência vivida.

> A direção se dá para a coisa mesma, isto é, para o fenomenal, que vai se apresentar para a experiência como fenômeno. Fenômeno então é tomado aqui no sentido daquilo que se mostra à experiência [...] este olhar mediativo, dirigido para a coisa mesma que se põe diante de cada um de nós para ser experienciada, constitui o que Husserl denominou de *epoché*, o que quer dizer: suspensão de qualquer julgamento, ou parada, após haver saído da maneira comum vigente de olhar as coisas e abandonar os pressupostos com respeito a elas. Nesta postura, o ver fenomenologicamente determina alguns aspectos da suspensão que se denominam redução fenomenológica (a *epoché*) (Martins, 1989, p. 81).

Desse modo, a postura do fenomenólogo não é buscar a realidade factual das coisas, mas sim colocá-la entre parênteses sem fixar um olhar. Trata-se apenas de uma suspensão, ou, segundo Bello (2000, p. 40), de "[...] uma *epoché*, de não fixarmos a atenção sobre um aspecto, portanto, trata-se apenas de um apagar uma luz sobre algo ou também um subtrair por um momento alguma coisa à atenção e, portanto, um reduzir".

Devemos, então, nessa postura, inicialmente colocar a crença do real em suspensão, com o objetivo de permitir que o campo fenomenal das coisas se mostre. Para o fenomenólogo não interessa ir ao encontro do fato, "da coisa em si", mas sim, de como para ele, pesquisador, "a coisa mesma" se apresenta na sua experiência. A fenomenologia husserliana não está interessada no factual, mas no sentido de "ir à coisa mesma" que se revela ao pesquisador, isto é, ir ao encontro dos atos por meio dos quais se obtém o conhecimento das coisas. Basicamente a fenomenologia parte de dois tipos de redução: o primeiro passo do método é a redução à essência ou eidética.

Na redução eidética, nós retiramos a existência factual, sendo que permanece a essência. Isto significa: redução à essência. Não se trata de negar a existência, mas apenas de colocá-la de lado. Nessa análise metodológica própria a:

> Pesquisa qualitativa na modalidade análise fenomenológica hermenêutica, cuidar-se-á de guardar o distanciamento necessário, colocando o pesquisador em suspensão de suas próprias crenças, preconceitos e explicações, deixando que o fenômeno se mostre. A tal rigor Husserl denominou *epoché* (Bello, 2004, p. 43).

O segundo passo do método é a redução ao sujeito. Esta redução segundo Bello (2002, p. 88) se dá quando "[...] empreendemos a análise do que há no sujeito, seguindo as indicações de Husserl e iniciando pela percepção sendo que é diferente de Descartes, não partimos de ideias imediatas, mas partimos da experiência do perceber". Dessa maneira, buscamos o que é imanente ao sujeito, isto é, uma análise da imanência. Para que ocorra essa análise, o "eu" será considerado um "eu transcendental" implicado sempre na intersubjetividade:

> Pois a percepção do eu implica ao mesmo tempo na percepção do alter ego, do outro. Na elucidação de minha experiência se constitui a elucidação da experiência do outro. Eu, sujeito, percebo o mundo, mas os outros sujeitos o percebem tal como eu. Isto significa que possuo em mim a experiência do mundo e dos outros, não como uma obra da minha atividade sintética, de certa maneira privativa, mas como de um mundo estranho a mim, intersubjetivo, existente para cada um, acessível a cada um (Martins, 1984, p. 43).

Na redução ao sujeito, empreende-se uma análise do que há no sujeito, referente ao mundo percebido por ele. Em fenomenologia chamamos de *Erlebnis*, um termo em alemão que indica a vivência refletida ou não pelo sujeito ao perceber as coisas do mundo, isto é, a experiência do perceber. Desse modo, estamos lidando na segunda redução com o mundo percebido por nós. Isto significa que enquanto o mundo tem coisas fora de nós, podemos captá-las como um modo de percebê-lo, embora o mundo sempre esteja e permaneça fora de nós. Para compreender esse processo podemos utilizar, no linguajar filosófico, duas expressões que indicam coisas diferentes: transcendente ao sujeito e imanente ao sujeito. O mundo enquanto existência independente de nós, enquanto fatualidade física está fora de nós. Podemos, então, chamá-lo de transcendente a nós. Já este mesmo mundo enquanto percebido, vivido por nós, é uma *Erlebnis* (experiência do perceber o mundo), para indicar esse processo podemos utilizar uma palavra específica: imanente ao sujeito. Na análise fenomenológica de Husserl, o que interessa é justamente a experiência do perceber o mundo, isto é, a análise da imanência, ao passo que o transcendente não lhe interressa, pois visa o exame do sujeito.

2. PESQUISAS SOBRE CONSTITUIÇÃO IDENTITÁRIA DE HOMENS PAIS

Com o objetivo de buscar, na literatura especializada, os estudos que se debruçaram sobre a questão da identidade de homens pais, foi realizado, neste capítulo, um levantamento dos trabalhos que auxiliaram na elucidação dos conhecimentos a respeito desse tema, assim como a clarificação dos caminhos epistemológicos nos quais estão ancoradas estas pesquisas.

Esse levantamento bibliográfico objetivou principalmente buscar artigos científicos, teses de doutorado, dissertações de mestrado e livros científicos que objetivaram sobre a identidade de homens pais. Para isso, consultei as bases de dados da Scielo[1], Biblioteca Virtual de Saúde (LILACS)[2], Biblioteca USP[3], Biblioteca Digital de Teses e Dissertações[4] e Biblioteca PUC[5].

---

1 Disponível em: <http: //www.scielo.br/>.

2 Disponível em: <http://www.bireme.br/>.

3 Disponível em: <http://dedalus.usp.br>.

4 Disponível em: <http://www.teses.usp.br/>.

5 Disponível em: <http://lumen.pucsp.br/aleph/>.

Os critérios de seleção para os trabalhos levantados levaram em consideração: o quanto se referiam ao processo identitário de homens pais; à identidade do homem; ao pai e ao conceito de paternidade; ao lugar do pai na família; e ao pai no contexto familiar. A partir disso, foram cruzadas as palavras "pai" e "paternidade" em relação aos termos "família" e "família contemporânea" e, em relação às palavras "contexto familiar". Concernente ao objetivo do trabalho foi feito também o cruzamento com as palavras: *fenomenologia, identidade, identidade narrativa, hermenêutica, narrativa* e *fenômeno*.

A pesquisa bibliográfica mostrou quão difícil é encontrar pesquisas com o tema da constituição identitária de homens pais na literatura especializada que estejam vinculadas ao método fenomenológico. Verificamos que os estudos da paternidade são muito pouco estudados, existindo uma carência muito grande sobre o tema. A maioria dos trabalhos que foram encontrados na literatura especializada revelou a priorização sobre a ausência da figura paterna no desenvolvimento infantil, tal qual demonstrado por Cia (2005) em sua pesquisa sobre a revisão da literatura a respeito da influência da figura paterna e suas consequências no desenvolvimento infantil. No sentido oposto a essas pesquisas, meu trabalho prioriza a presença paterna na relação familiar, pois minha pesquisa é realizada com os homens pais que frequentam a creche onde seus filhos estão matriculados, o que demonstra envolvimento e motivação no desenvolvimento dos filhos.

No entanto, foram encontrados números expressivos de trabalhos em outras vertentes epistemológicas. Assim, faremos agora uma apresentação dos trabalhos de pesquisa encontrados e, para isso, há uma divisão em três subgrupos para melhor apresentar os conteúdos encontrados.

O primeiro subgrupo ligado às pesquisas realizadas com o método fenomenológico considera a paternidade enquanto sentido que se constitui em um processo dinâmico e dialético, contextualizado temporal e historicamente. Estas pesquisas encontradas se abrem para o estudo do fenômeno que aqui se apresenta. Podemos apontar os estudos de Bruns & Trindade (1999) que se debruçaram no estudo do fenômeno da paternidade vivenciada na adolescência e também a compreender melhor o sentido do silêncio do adolescente em relação à paternidade em um contexto social tão complexo. A pesquisa aponta que a paternidade na adolescência ocorre devido a uma educação sexual pobre, que não prioriza uma comunicação dialógica que possibilite ao rapaz assumir uma posição de corresponsabilidade em relação ao seu papel de ser pai.

Encontrei, também neste grupo, os estudos de Trindade (2003), que estudou como o homem de meia-idade que se tornou pai passa por vivências neste período que podem marcar um novo rumo em sua vida. A pesquisa mostra que os sentidos e as significações do existir desse homem de meia-idade são múltiplos e foram encontrados discursos que não possibilitavam uma troca dialógica em relação aos projetos de seus filhos, assim como discursos dialógicos, quando vislumbraram uma preocupação com relação à vida afetiva e a seus próprios projetos de vida.

Em outro trabalho também ligado a esta linha de pesquisa, os autores americanos Silverstein & Auerbach (1999) demonstram por meio de suas pesquisas com homens pais realizadas com diversos modelos de família que não existe uma essência geral que caracterize a função paterna como condição necessária para geração de crianças que sejam sadias emocionalmente. Ainda demonstraram que a variedade de estruturas familiares existentes atualmente, inclusive referenciando a famílias fora do contexto heterossexual, e também a famílias que não possuem a função paterna, como contextos familiares que são geradores de crianças com bom desenvolvimento emocional, bastando, para isso, que essas diversas estruturas familiares tenham adultos que sejam referência de boas relações emocionais para com a criança.

O segundo subgrupo é referente às pesquisas relacionadas ao método materialista dialético que lida com os conceitos de gênero enquanto uma substancialidade construída historicamente, isto é, estudos que se fecham para dados objetivados, cujas causas estão no seio cultural e social no qual este homem está inserido. Encontramos os estudos de Almeida (2007), Costa (2002), Freitas (2007, 2009), Hennigen (2002), Luz (2010), Rodrigue (2010), Romanelli (2003), Thurler (2006), Unbehaum (2000; 2001), que nos chamam a atenção para os papéis, conceitos, representações sociais dos homens, a partir das relações de gênero que são internalizadas no contexto social no qual estão inseridos. São pesquisas desenvolvidas sob a abordagem qualitativa e o enfoque teórico materialista dialético, compreendendo a paternidade concebida como uma construção social. Os conceitos referentes à paternidade, para essas pesquisas, situam-se em um campo de significações construídas socialmente em relação ao papel de homem pai responsável, do pai mantenedor da liderança, do pai competidor, do pai provedor da família e do pai responsável pela estruturação da ordem familiar. As pesquisas apresentam diferentes aspectos da cultura contemporânea na temática da identidade e paternidade.

O terceiro subgrupo está ligado às pesquisas relacionadas ao método psicanalítico, que levam em consideração o papel das representações recalcadas inconscientes e nos conduzem ao conceito de pai e paternidade mediados pelo sentido da interdição, de limites, do lugar da castração, sempre ligado à presença ou ausência desta figura. O lugar do pai é compreendido como um conceito ligado a uma estrutura de representações conscientes e inconscientes que se constitui e se consolida na história de vida da natureza psíquica e da vida social deste homem. Podemos citar Carvalho (2011), Gomes (2004), Koltai (2008), Lobo (2011), Martinelli (2006), Rodrigues (2005) e Rosa (2008), que demonstram, de maneira teórica, o lugar do pai ligado a um processo de constituição da subjetividade dos filhos e seus reflexos nas manifestações de suas estruturas de personalidade. Esses estudos se inclinam para o significado do lugar do pai em uma perspectiva freudiana, delineando seu impacto no desenvolvimento da personalidade dos filhos. O lugar do pai é compreendido como condição simbólica essencial na estruturação psicológica da criança.

Foi observado que a maioria desses estudos, nos três subgrupos encontrados, busca interlocuções a respeito da relação pai-filho na constituição da identidade pessoal de cada um. São pesquisas que contextualizam a paternidade e que relacionam, em sua maioria, o pai enquanto legislador da família, responsável pela estruturação familiar, provedor e protetor dos membros familiares, e o pai que precisa impor limites e proporcionar interdições no núcleo familiar. A ausência paterna surge como responsável por uma provável desestruturação familiar.

3. CONSTITUIÇÃO E SISTEMATIZAÇÃO DA PESQUISA

Nesta etapa de sistematização da pesquisa procurei definir, junto à literatura especializada, o melhor procedimento para a obtenção do meu material de pesquisa para posterior análise. Com isso, acabei engajando-me na proposta de trabalho seguida pelo grupo Ecofam do programa de estudos da Pós-Graduação em Psicologia da Educação da Pontifícia Universidade Católica de São Paulo (PUC-SP), que, entre outras intervenções, utilizava-se de encontros reflexivos com os homens pais de crianças que frequentavam uma creche da periferia de São Paulo.

Esses encontros reflexivos com os homens pais, realizados na creche onde eles mantêm seus filhos durante a semana, são um desdobramento da entrevista reflexiva desenvolvida por Szymanski (2002) que visa, neste proceder, um movimento reflexivo e a obtenção de narrativas dos participantes sobre a compreensão de suas experiências sobre o cuidar dos filhos em seu cotidiano. Esse procedimento foi sempre desenvolvido nos moldes de uma pesquisa-ação ou pesquisa interventiva, pois parte da concepção desses encontros com os homens pais tem como base uma práxis reflexiva engajada em um trabalho com enfoque fenomenológico. É, portanto, um método de pesquisa que nos coloca em contato com "a coisa mesma". Os encontros reflexivos estão ancorados conceitualmente às entrevistas reflexivas que têm como base:

> O encontro interpessoal no qual é incluída a subjetividade dos protagonistas, podendo se constituir momentos de construção de um novo conhecimento, nos limites da representatividade da fala na busca de uma horizontalidade nas relações de poder, que se delineou esta proposta de entrevista, a qual chamamos de reflexiva, tanto porque leva em conta a recorrência de significados durante qualquer ato comunicativo quanto à busca da horizontalidade (Szymanski, 2002, p. 15).

Este trabalho compartilha das ideias de Thiollent (2007) em relação aos conceitos que caracterizam uma pesquisa-ação ou pesquisa interventiva participante. Nesse modelo de pesquisa podemos mostrar resultados de uma pesquisa que poderá gerar reações e contribuições para o alargamento e para a tomada de consciência dos participantes, sejam eles os pesquisadores ou os pesquisados. Por meio deste método, objetiva-se o alcançar de transformações e mudanças efetivas no campo grupal e social, assim como no campo da consciência individual dos participantes.

Os encontros reflexivos propostos estão ancorados em uma perspectiva argumentativa que se caracteriza por propor, em conjunto com o grupo, o tema a ser trabalhado em cada encontro; também propõe, que os participantes encontrem caminhos e soluções para os problemas encontrados. Cada pai participante é livre para argumentar e explicitar a sua maneira de lidar e deliberar sobre os assuntos e as ações em relação a suas escolhas. Os resultados da pesquisa estão sempre atrelados à reflexão crítica correspondente às ações e aos assuntos que o grupo desencadeou. Para este autor,

> Quando o objetivo da pesquisa-ação é principalmente voltado para a produção de conhecimento que não seja útil apenas para a coletividade considerada na investigação local. Trata-se de um conhecimento a ser cotejado com outros estudos e suscetível de eventuais generalizações no estudo de problemas sociológicos, educacionais ou outros de maior alcance. A ênfase pode ser dada a um dos três aspectos: resolução de problemas, tomada de consciência ou produção de conhecimento. Muitas vezes, a pesquisa-ação só consegue alcançar um ou outro desses três aspectos. Podemos imaginar que, com maior amadurecimento metodológico, a pesquisa-ação, quando bem conduzida, poderá vir a alcançá-los simultaneamente (Thiollent, 2007, p. 21).

Foi compreendida aqui, neste trabalho, a pesquisa-ação como uma proposta voltada para a promoção da configuração de um espaço cujo objetivo é a reflexão, em que os participantes possam comunicar suas experiências para tentar compreender os exercícios de suas práticas educativas. Um espaço em que o seu cotidiano pode ser narrado para todos os participantes do encontro, e especialmente um espaço de construção de conhecimento e de narrativas a partir da ação do outro. Morato (2007, p. 9) contextualiza a pesquisa-ação como "[...] uma metodologia assim proposta que acaba se configurando como espaço promotor de experiência".

Em sua tese de livre-docência, Schmitd (2005) promove um estudo amplo sobre as pesquisas participantes, em que destaca a pesquisa-ação ou pesquisa interventiva como pesquisas de campo, ancoradas em uma metodologia que promove uma relação com o sujeito pesquisado. Nesse trabalho, é demonstrado o quão pertinentes são esses tipos de pesquisas na promoção da ampliação da consciência do sujeito humano. Quando feita em grupos ou em comunidades, isto é, quando ocorre a inserção de um pesquisador num campo de investigação formado pela vida social e cultural de outro ou outros sujeitos, ocorre a criação de lugares de reflexão e transformação social, os quais a autora designa comunidades interpretativas. Em sua formulação:

> As ideias de ação ou intervenção não são equivalentes, mas sugerem, além da presença do pesquisador como parte do campo investigado, a presença de um outro que, na medida em que participa da pesquisa como sujeito ativo, se educa e se organiza, apropriando-se, para a ação, de um saber construído coletivamente (Schmidt, 2005, p. 15).

Essa proposta de pesquisa se caracterizou por uma metodologia interventiva por meio dos encontros reflexivos propostos por Szymanski (2002). Desse modo, os encontros reflexivos foram promotores da obtenção das narrativas dos homens pais seguindo a proposta fenomenológica de "ir às coisas mesmas". Tivemos em cada encontro reflexivo, pautado por temas levantados e discutidos pelos homens pais, a elaboração de relatos e descrições do percebido pelos participantes, ou seja, de narrativas que evidenciavam o que lhes fazia sentido. Dessa forma, este procedimento permite a obtenção de descrições do percebido com o intuito de ir à essência (eidos) do fenômeno interrogado. Assim,

> Ao adotar um modo fenomenológico de conduzir a pesquisa, o psicólogo e o educador procuram reavivar, tematizar e compreender eideticamente os fenômenos da vida cotidiana que são, tais fenômenos vividos, experienciados e conscientemente percebidos (Martins & Bicudo, 2005, p. 76).

Depois da obtenção das narrativas dos homens pais, o próximo passo foi iniciar o exercício de reflexão buscando uma compreensão dos sentidos que se evidenciaram através da minha interpretação hermenêutica do texto que visou transcender a descrição das narrativas produzidas. Foram feitas diversas leituras de cada encontro e foram destacadas as narrativas que apresentavam uma aproximação de horizontes em comum para posterior análise do sentido.

Nesta vertente, os sentidos que se desvelaram não estão separados do processo de constituição identitária desses homens. Com isso, ampliou-se o conhecimento a respeito do fenômeno da identidade, aqui compreendido como a constituição de um si-mesmo que ocorre em meio às trocas intersubjetivas tal qual proposto por Ricoeur (1991). Tomei esses momentos vividos de constituição de sentidos como uma condição de interlocução e compreensão, que podem ser considerados fundamentais de constituição identitária para esses homens.

No âmbito da temática da identidade narrativa, conhecer-se é um processo de reflexão entendido como compreensão. Um saber que se constitui como reflexividade em uma experiência temporal humana, segundo Ricoeur (1978, 1991). Esse autor cria a hipótese de que a identidade narrativa é constitutiva da conceituação da identidade pessoal "si" e que se mantém entre a dialética, a mesmidade e a ipsedade. A identidade "si" ou de um si-mesmo é compreendida como a ideia de acontecimento em oposição à ideia de estrutura.

4. PROCEDIMENTOS PARA A OBTENÇÃO DAS NARRATIVAS

Neste capítulo, irei referenciar os encontros que ocorreram em 2007, 2008 e 2009 e que foram responsáveis pela obtenção das narrativas que compõem o material submetido, por mim, à compreensão hermenêutica reflexiva que evidenciou os sentidos geradores das constelações de significados (denominação preferencial a de categorias), constituindo-se em agrupamentos de significados em comum que se destacam e refletem como se deu a compreensão do fenômeno pelo pesquisador através do processo reflexivo hermenêutico (Szymanski, 2004), que foram analisadas, enquanto parte da constituição identitária dos participantes da pesquisa. Foi a partir desses encontros, como já discutimos no item anterior, que pude ter acesso às narrativas dos pais em relação a suas práticas educativas.

Os encontros com os homens pais da creche tiveram início em 2004 com os trabalhos realizados por Cunha (2010) para obtenção de relatos de homens pais para a realização de sua tese de doutorado. Minha participação deu-se a partir de 2007, com minha entrada no grupo de pesquisas da PUC-SP. Os encontros reflexivos aconteceram e, ainda acontecem, sempre com um evento por semestre, aos domingos, a partir das quatorze horas com término às dezesseis horas, conforme conciliação entre os participantes. Apesar de não haver um número mínimo determinante para a ocorrência desses encontros, quando o número excede quinze participantes é aconselhável a formação de grupos separados com pelo menos dois orientadores homens do grupo de pesquisa formado na PUC-SP. Os encontros são sempre gravados e posteriormente transcritos.

Antes do encontro com os homens pais, nós, do grupo de pesquisa da PUC-SP, nos reunimos com uma semana de antecedência, visando a reflexão de como podemos interagir com esses pais a partir do tema escolhido. Trabalhamos o objetivo a ser atingido, as atividades e os possíveis aquecimentos para o início do encontro e, também, o que se pode esperar deste enquanto espaço de reflexão referente ao tema proposto.

Posteriormente, já no encontro efetivo com os homens pais, passamos uma lista no início para que todos autorizassem a gravação, o estudo e as possíveis publicações sobre o que fosse falado no grupo. Nesse primeiro momento, os orientadores pesquisadores se apresentam e esclarecem a finalidade do encontro e depois pedem a apresentação de cada elemento do grupo. Ao final, deste primeiro momento, propomos uma tarefa para entrosamento e aquecimento dos participantes que, na maioria das vezes, se dá pelo diálogo entre eles próprios. Depois refletimos sobre o tema proposto por eles no último encontro. A partir daí, a reflexão a respeito do tema será uma constante até o final do processo. A devolutiva do material levantado pelo grupo é dada durante o processo, isto é, o sentido descortinado pelos orientadores do grupo é explicitado na experiência do momento do encontro. Ao final, novamente é proposto ao grupo que escolha um novo tema para o próximo encontro, que é de livre escolha e pode estar ou não associado às interrogações em relação ao cuidar dos filhos. A partir daí o novo encontro já tem um tema levantado pelos próprios participantes.

TABELA 1: Datas de realização dos encontros e suas respectivas temáticas*.

Encontros	Semestre	Data de realização	Temática	Atividade de aquecimento
2007	1º. Sem.	18/03/07	Como dizer "não" aos filhos.	Desenho da silhueta de uma criança sobre papel pardo.
	2º. Sem.	19/08/07	Como explicar a necessidade de trabalhar para os filhos.	Diálogo em grupo.
2008	1º. Sem.	16/03/08	Como lidar com a birra dos filhos.	Diálogo em grupo.
	2º. Sem.	17/08/08	O que é ser pai.	Diálogo em grupo.
2009	1º. Sem.	25/04/09	Convivência familiar: O lugar do pai.	Diálogo em grupo.

*Vale ressaltar que os encontros ainda acontecem até os dias de hoje e é um trabalho no qual estou interessado em continuar, mesmo após o término de minha tese de doutorado.

5. TRAJETÓRIA PERCORRIDA PARA COMPREENSÃO DO FENÔMENO

Será apresentada a seguir a concepção fenomenológica hermenêutica na qual se ancorou esta pesquisa. Compreender significou aqui ir além da mera descrição do fenômeno, isto é, mergulhar em um processo de compreensão hermenêutica das narrativas, buscando os sentidos que foram sendo evidenciados.

O trabalho de análise do sentido foi realizado a partir do enfoque da fenomenologia hermenêutica de Ricoeur (1978), situando a hermenêutica como uma postura epistemológica que busca, a partir das aparências, os sentidos que emergem e que são constituídos pelo indivíduo em sua narrativa. Para isso, tomei as falas dos homens pais como configurações na forma de narrativas, como textos, e assim, foi procedida a compreensão de sentidos que foram se desvelando por meio de um exercício interpretativo.

Nas palavras de Ricoeur (1978) o campo hermenêutico está atrelado ao conceito de interpretação que se caracteriza:

> Pelo trabalho de pensamento que consiste em decifrar o sentido oculto no sentido aparente, em desdobrar os níveis de significação implicados na

> significação literal. Guardo assim a referência inicial à exegese, isto é, à interpretação dos sentidos ocultos. Símbolo e interpretação tornam-se, assim, conceitos correlativos: há interpretação onde houver sentido múltiplo; e é na interpretação que a pluralidade dos sentidos torna-se manifesta (p. 15).

A perspectiva hermenêutica de Ricoeur (1978), a partir de seu livro *Conflito das interpretações*, apresenta uma contribuição para uma teoria da interpretação, de modo que interpretar seja participar de um processo histórico de produção de sentidos. A interpretação ganha sentido sempre permeado pela experiência humana, partindo de uma abertura e um modo de aproximação e compreensão de um fenômeno que se desvela em um encaminhamento de sentidos.

Esse olhar fenomenológico do qual Paul Ricoeur (1978) costura sua perspectiva hermenêutica é um posicionamento a partir de um olhar reflexivo sem se basear em teorizações *a priori*. Sua postura hermenêutica interpretativa de um texto está sempre aberta a várias recepções interpretativas de acordo com seu leitor, assim seu sentido poderá ser apropriado por diferentes leitores, os quais vão constituindo uma nova hermenêutica em relação ao texto e tornando-o novamente uma nova proposta de conhecimento sobre o acontecimento. Dessa maneira, o leitor poderá construir uma compreensão de sentidos que vai se constituindo, a ele próprio, a partir de seu olhar interrogativo e compreensivo, transformando o texto em um acontecimento experienciável ao leitor. As confrontações entre diversas interpretações devem ser balizadas pelos elementos do texto.

Para melhor entendimento, desta perspectiva hermenêutica de Ricoeur, devemos nos deter, agora, a uma breve reflexão sobre o conceito de tríplice mimese encontrada em sua publicação de *Tempo e narrativa* (1994, 1995, 1997). O autor discute e esclarece a concepção a respeito da formulação de um arco hermenêutico no interior do qual se constituem as interpretações e os seus desdobramentos que permeiam as experiências humanas.

Para esse entendimento, devemos nos ater inicialmente, ao eixo de referência que este autor orienta em todo o conjunto de sua obra. Para Ricoeur (1976, 1978) a compreensão do humano passa necessariamente pela mediação dos símbolos e da linguagem, isto é, na linguagem é que vem exprimir-se toda compreensão ôntica ou ontológica do ser. Ricoeur (1978, p. 11) não procura uma natureza deste ser, mas o campo de significações que se constitui como unidades de significação de uma vida intencional. O ser é compreendido como um "polo intencional, como portador de uma visada".

A partir daqui Ricoeur não busca mais um método que lhe revele a natureza das coisas, mas caminha para uma abertura a um ser mediado por um campo de significações que se abrem para interpretações. A questão da verdade:

> Não é mais a do método, porém a da manifestação do ser, para um ser cuja existência consiste na compreensão do ser [...] e este ser de intenção está com os outros seres existentes – então o estar com – torna-se uma constituição do ser – ou seja, a pertença do intérprete a seu objeto – torna-se um traço ontológico (Ricoeur, 1978, p. 12).

Nesse sentido, toda interpretação se configura nessa relação de pertença entre intérprete e seu objeto, no nosso caso, um texto. Desse modo, o trabalho hermenêutico se insere no caminho aberto pelo texto que será interpretado pelo leitor. Nesse conjunto a interpretação do texto se dá nesse movimento que o leitor produziu, enquanto um modo singular e interpretativo e, assim, encontra elementos que vão direcionando-o a uma compreensão dos sentidos que vão se revelando nesse estar com o texto. Portanto, compreender um texto para Ricoeur (1978) não é colocar-se no lugar do autor, mas sim, por meio da mediação do texto, de sua interpretação, o leitor compreender melhor a si mesmo e ao mundo que o rodeia. "Assim toda a hermenêutica é, explícita ou implicitamente, compreensão de si mesmo mediante a compreensão do outro" (Ricoeur, 1978, p. 18).

Agora podemos então entender o conceito de tríplice mimese proposto por Ricoeur em seu livro *Tempo e narrativa* (Tomo I, 1994, Tomo II, 1995, Tomo III, 1997). Aqui há três momentos nos quais se configura um arco hermenêutico entre a atividade narrativa, seu caráter temporal e sua característica como experiência humana. O primeiro é chamado de prefiguração (mimese I), quando o texto surge do mundo da ação, da experiência, do agir com os outros. De acordo com Ricoeur (1994, p. 91) se a "[...] ação já pode ser narrada, é porque ela já está articulada em signos, regras, normas: é desde sempre, simbolicamente mediatizada".

O segundo, chamado de configuração, (mimese II) se estabelece na configuração enquanto um texto linguístico de um sentido próprio do autor que se tematiza. Assim,

> O arranjo configurante transforma a sucessão de acontecimentos numa totalidade significante, que é o correlato do ato de reunir os acontecimentos, e faz com que a história se deixe seguir. Graças a esse ato reflexivo, a intriga inteira pode ser traduzida num pensamento, que é justamente seu assunto ou seu tema (Ricoeur, 1994, p. 105).

O terceiro, chamado de refiguração (mimese III), é o retorno do texto à vida do leitor que o interpreta, isto é, ao interpretar o texto o leitor apropria-se dele e faz uma nova configuração de seu próprio mundo. Segundo Ricoeur (1994, p. 110), a mimese III marca a intersecção entre o mundo do texto e o mundo do ouvinte ou do leitor: "A intersecção, pois, do mundo configurado pelo poema e do mundo no qual a ação afetiva exibe-se e exibe sua temporalidade específica".

Nesse contexto, toda interpretação para Ricoeur é uma interpretação que traz à luz uma possibilidade de apreensão do texto pelo intérprete. Esta é a situação hermenêutica na qual tem lugar a interpretação. Isso não quer dizer que vale qualquer interpretação aleatória e todo e qualquer relativismo do mundo do texto, mas que é possível confrontar diferentes interpretações e relevar sua maior ou menor validade, com argumentos encontrados no corpo do texto.

Em seu livro *A teoria da interpretação*, Ricoeur (1976, p. 87) argumenta que toda interpretação se dá na dialética entre explicação e compreensão, "[...] por conseguinte a compreensão se dirige mais para a unidade intencional do discurso, e a explicação, que visa mais à estrutura analítica do texto".

Na obra *O conflito das interpretações* (1978, p. 23), do mesmo autor, é evidenciado que este sistema hermenêutico deve levar em conta um plano semântico no qual o fenômeno da compreensão exige uma consideração "[...] direta com a linguagem; um plano reflexivo onde a compreensão de si se dá mediante a compreensão do outro; e um plano existencial onde as raízes ontológicas da compreensão, dizem a dependência do si à existência".

Esse procedimento hermenêutico é concernente aos trabalhos realizados por Bicudo (2000) em referência a uma atitude de análise fenomenológica. Para a autora, estar em posse das descrições das narrativas não esgota a investigação do narrado, pois:

> A linguagem assumida pela atitude fenomenológica solicita sempre uma interpretação hermenêutica, pois presentifica uma síntese unificadora, embora provisória, da coisa percebida/percepção/significante/explicitação do percebido, trazendo, em si, o mistério e a complexidade da relação signo/significado/contexto cultural (Bicudo, 2000, p. 79).

Assim, a trajetória a ser percorrida pela compreensão das descrições não se fechará em categorias constituídas *a priori*, mas se balizará a partir da interrogação que o pesquisador fará por sua análise transcendental que indicará sua compreensão a respeito do fenômeno por ele pesquisado. No nosso caso, o fenômeno ou "a coisa mesma" é a relação da fala e da linguagem elaborada pelos homens pais nos encontros reflexivos configurada como obra de discurso, ou seja, como uma narrativa.

Nesse modelo, os horizontes de compreensão do fenômeno são inesgotáveis; todavia, como bem entende Bruns (2003, p. 74) "[...] o fenômeno deve se mostrar para o pesquisador em sua essência, ou seja, em suas características fundamentais vistas pela perspectiva do horizonte psicológico". O termo essência é aqui entendido como a experiência do perceber, do olhar que intenciona que percebe o objeto, em que a realidade tem um sentido para cada um de nós.

> Portanto, doação de sentido não significa que nós projetamos e construímos o sentido da realidade, mas significa que nós somos capazes de nos colocar em relação e, portanto, evidenciar o sentido (Bello, 2004, p. 115).

Desse modo, foi eleito um modo de encontrar sentidos incorporados pelo exercício da reflexão. Reflexão que está ancorada em uma hermenêutica que visa ao horizonte do retorno e da compreensão "à coisa mesma", isto é, ao fenômeno apreendido em sua essência, reconhecendo-o como constituído em um processo histórico ancorado em sua temporalidade. Temos assim um fenômeno constituindo-se sempre de novos sentidos e, portanto, sempre aberto a novas hermenêuticas e não apenas a mera práxis interpretativa.

Concernente a esta maneira de buscar o sentido nas narrativas dos homens pais, estarei, também, recorrendo aos modos de Critelli (1996) de inclinar-se ao sentido do fenômeno estudado. O sentido para a autora se desvela como uma direção para o agir que pode ser obtida por meio da descrição da experiência vivida. Buscamos, na realidade vivida nesses encontros, o sentido da experiência que se mostrou. Nesta postura, o pensar fenomenológico não é entendido como algo definitivo, como uma substância a ser encontrada, mas como possibilidade de sentidos que vão se constituindo em modos de ser no homem em um mundo do qual faz parte.

Com isso, abre-se um feixe de muitas possibilidades de manifestação nos modos de ser no mundo. O sentido de ser é manifestado como possibilidade existencial e não como uma substância conceitual a ser interpretada. Para Critelli (1996, p. 57), o "[...] destinar-se do ser é o que podemos nomear como sentido de ser [...] o termo sentido não como expressão sinônima de significação. Sentido é, para nós, o mesmo que destino, rumo, a direção do existir".

O homem não é visto como um objeto, mas como fenômeno que se mostra. Enquanto possibilidade fundada na fenomenologia, a analítica do sentido busca a manifestação do homem, cujo aparecer fenomênico é constituído pelas condições ontológicas em que sua vida é dada. Uma destas condições ontológicas é a coexistência do homem com outros homens, que constitui o seu ser no mundo com os outros.

É nesta dinâmica que a analítica do sentido busca o desvelamento de uma direção do existir do homem, de um sentido a ser desvelado que se constituiu em sua coexistência com outros seres no mundo. Critelli (1996, p. 55) nos mostra como a fenomenologia não trabalha com uma suposta verdade do sujeito, mas com uma perspectiva, entre outras, relativa e provisória, na qual não cabem as categorizações e tampouco as mensurações positivistas diante do paciente que procura atendimento psicológico. "Os entes não são objéticos, são fenomênicos. Fenômeno (de onde a fenomenologia também retira seu nome) é o ente mostrando-se. E ente nenhum pode ser se não realizar esta condição".

Após esses procedimentos de análise que foram referenciados, houve o começo da organização e do agrupamento dos sentidos que se desvelaram e que denominei "constelações", conforme Szymanski (2004). Segundo esta autora, as constelações se abrem de diferentes modos interpretativos analogamente à visão que temos do céu, que não é chapado, mas configurado e que pode ser visto e refigurado de diferentes maneiras, variando conforme o observador ou intérprete. Assim, Szymanski (2004) afirma que:

> Na elaboração de constelações de significados, denominação preferível a de categorias, há tão somente uma organização da compreensão do pesquisador, que pode assumir as mais diferentes formas, variando de analista para analista. À semelhança de um céu estrelado, várias constelações podem ser delineadas (p. 4).

Uma vez em posse dessas constelações, que foram sendo desveladas em meu horizonte, continuei com o trabalho hermenêutico referenciando e situando esses sentidos, como parte relacional do processo de constituição identitária desses homens pais. Desse modo, finalizei o trabalho compreendendo como os sentidos constituídos na experiência desses homens com seus filhos são confluentes no processo reflexivo da constituição identitária.

6. A CONSTRUÇÃO DAS NARRATIVAS PARA INFORMAR O OCORRIDO NOS ENCONTROS

Será apresentado neste capítulo como foram estruturados e como ocorreram os encontros realizados com os homens pais, além de serem delineados os horizontes que originaram minhas primeiras narrativas a partir do material obtido para análise de sentidos que se evidenciaram em cada encontro reflexivo. O objetivo foi orientar os leitores, em um primeiro momento, para os caminhos que foram tomados para que pudessem ocorrer os encontros com os homens pais e seus respectivos temas abordados. Posteriormente é apresentado cada encontro em capítulos diferentes, cada qual acompanhado da minha respectiva compreensão hermenêutica.

Em um primeiro momento, nós, do grupo de pesquisadores da PUC, formado exclusivamente de homens, fazíamos uma reunião na universidade, antes dos encontros, e elaborávamos um planejamento de como gostaríamos de dar início e de expor o tema que o próprio grupo de pesquisados havia escolhido nos encontros anteriores. Nesta reunião, nós, pesquisadores, sistematizávamos a elaboração de um plano de ação para o encontro, isto é, elaborávamos as atividades que gostaríamos que fossem propostas durante o encontro com os homens. Entre essas atividades, pensávamos na necessidade ou não de um aquecimento do início do encontro, nos objetivos gerais do encontro, nas perguntas que poderiam suscitar novas elaborações, nas questões e nos apontamentos que os levassem a fazer reflexões e, por fim, pensávamos em como fazer o término do encontro solicitando aos participantes o novo tema para o próximo encontro, que deveria ocorrer no semestre seguinte.

Já nos dias em que efetivamente ocorreram os encontros reflexivos, houve oscilação do número de participantes em cada encontro, como também nem sempre estavam presentes os mesmos homens pais que haviam participado dos encontros anteriores. Em média, havia de três a quatro pais que estavam quase sempre presentes na maioria dos encontros. A escolha das datas dos próximos encontros sempre foi feita com antecedência suficiente para que os pais dos alunos pudessem ser comunicados do dia e do horário correto. Eles eram comunicados pela creche e pela escola, que sempre emitiam um aviso de chamado por escrito.

Após a realização de cada encontro, as fitas eram encaminhadas para transcrição e depois, em um segundo momento, era construída uma narrativa de como transcorreu, de maneira geral, cada encontro com os entrevistados.

Em posse da transcrição das falas que foram tomadas como narrativas, realizei diversas leituras do material e simultaneamente elaborei um conteúdo denominado "síntese". Nessa síntese descrevo uma primeira compreensão do fenômeno estudado, isto é, como me defrontei com uma primeira compreensão da experiência dos homens pais referente a cada tema trabalhado. Esse processo proporcionou a elaboração e construção de minhas primeiras narrativas a partir das que foram obtidas nos encontros com os homens pais.

Esses procedimentos caracterizaram-se como momentos de imersão "à coisa mesma".

Após esse momento, pude enveredar-me na tentativa de configuração do levantamento dos sentidos que foram sendo evidenciados nas narrativas dos homens pais e, nesse caminho, agrupei os sentidos que foram surgindo, entre os participantes, e que apresentavam uma aproximação de horizontes. A partir daí, construí o que foi denominado "constelações" por Szymanski (2004) e que já foi referenciado no capítulo anterior. As constelações foram consideradas e construídas pela evidenciação dos sentidos daquilo que buscamos compreender, isto é, a constituição identitária desses homens pais.

Finalizando este mergulho no material das narrativas foi elaborada, também, uma discussão de como os sentidos encontrados em cada constelação podem fazer parte do processo de constituição identitária dos homens pais participantes da pesquisa.

Neste momento, antes de entrarmos nos capítulos dos cinco encontros, cabe aqui um poema de Carlos Drummond de Andrade sobre a verdade. Acredito que esse poema traduz bem a posição fenomenológica de encontrar e evidenciar sentidos, reconhecendo-os limitados, perspectivados por um ponto de vista, e abertos à discussão.

6.1. VERDADE

CARLOS DRUMMOND DE ANDRADE

A porta da verdade estava aberta,
mas só deixava passar
meia verdade de cada vez.

Assim não era possível atingir toda a verdade,
porque a meia pessoa que entrava
Só trazia o perfil de meia verdade.
E sua segunda metade
voltava igualmente com meio perfil.
E os meios perfis não coincidiam.

Arrebataram a porta. Derrubaram a porta.
Chegaram a um lugar luminoso
onde a verdade esplendia seus fogos.
Era dividida em metades
diferentes uma da outra.

Chegou-se a discutir qual a metade mais bela.
Nenhuma das duas era totalmente bela.
E carecia optar. Cada um optou conforme
seu capricho, sua ilusão, sua miopia. (Andrade, 1988, p. 41)

7. TEMA DO PRIMEIRO ENCONTRO

"Como dizer não aos filhos"

7.1. PLANEJAMENTO DA REUNIÃO

TEMA DO ENCONTRO:

Tema sugerido pelos próprios pais no encontro anterior: "Como dizer não aos filhos".

OBJETIVOS GERAIS DA PESQUISA:

- Compreender o sentido de falar "não" aos filhos.
- Investigar o sentido das práticas educativas ligadas ao dar limites aos filhos.
- Verificar se há diálogo para impor limites aos filhos.
- Quais são os modos utilizados para se dizer "não" aos filhos.

OBJETIVOS DO ENCONTRO:

- Refletir sobre a convivência familiar quando são introduzidos limites aos relacionamentos.
- Refletir sobre as maneiras de colocar limites na convivência com os filhos.
- Descrever e compreender os modos de dizer "não".
- Compreender o sentido do "não" vivido pelos pais.
- Compreender o sentido da utilização dos modos de dizer "não" aos filhos.
- Refletir sobre suas experiências com os filhos ao dizer "não".
- Refletir a respeito de como foi receber "não" de seus próprios pais.
- Refletir sobre o sentido em suas vidas ao receber "não" de seus próprios pais.

PARTICIPANTES:

Tivemos a presença de três pesquisadores da PUC-SP. Foram eles: Denio, Gilberto e Anderson. Participaram no total 19 homens pais, dos quais foram registradas as falas de nove homens que participaram ativamente do diálogo. Foram eles: Wilson (tem um filho menino e uma filha menina); Igor (um filho menino); Décio (um filho menino); Lorivaldo (uma filha menina); André (três filhos meninos); Rodrigo (um filho menino e uma filha menina); Otávio: (dois filhos meninos); Adolfo (um filho menino e duas filhas meninas); Almir (um filho menino e uma filha menina). Todos os nomes aqui utilizados, com exceção dos nomes dos pesquisadores, são fictícios para preservar a verdadeira identidade dos pais participantes da pesquisa.

ATIVIDADES:

- Contato inicial.
- Apresentação.
- Retomar o tema que foi solicitado no último encontro.
- Desenho da silhueta de uma criança sobre papel pardo.

AQUECIMENTO:

Introduzir o tema a partir dos questionamentos:

- Como é dizer "não" para seus filhos?
- Como foi ouvir "não" de seus próprios pais?
- Quais os "nãos" que você já disse hoje?

REFLEXÃO SOBRE A ATIVIDADE:

- Refletir sobre a atividade do dia.
- Solicitar o tema do próximo encontro.
- Solicitar no final uma avaliação do encontro.

7.2. COMO FOI O ENCONTRO

Os pais presentes nesse encontro, que somaram 19 homens, foram chegando e se sentando em uma roda anteriormente feita pelos entrevistadores. Conforme chegam, sentam-se separados uns dos outros, até certo momento em que os lugares ficam repletos e é necessário pegar mais cadeiras para eles sentarem. Logo no início foi proposto um jogo para ocorrer o entrosamento. O jogo estava relacionado ao desenho de criança em uma cartolina que foi colocada no centro da roda e pedido para que os pais relatassem como essa criança se sentiria caso houvesse recebido um "não" dos pais.

De início os pais não se interessaram pelo jogo, houve um certo embaraço e ninguém quis se colocar. Então foi proposto para que cada um desenhasse em uma folha sulfite uma criança que havia recebido um "não", mas novamente o jogo foi refutado pelos homens pais, ninguém quis fazer o desenho. Foi, então, proposto que já iniciássemos com o diálogo entre eles, o que logo foi aceito. O procedimento de desenhar não serviu para esse grupo, eles não aceitaram este tipo de atividade.

Iniciou-se o diálogo com um dos pais e os outros foram se colocando seguindo a ordem da roda. Depois outros pais colocaram suas opiniões, sem estarem atrelados a esta ordem.

Posteriormente, foi dito pelos entrevistadores que os pais poderiam falar dos "nãos" que já tinham dito aos filhos. Também poderiam falar sobre os "nãos" que haviam recebido de seus próprios pais e, entre esses "nãos", aqueles que foram ruins e aqueles que foram bons para a vida de cada um ali no grupo.

O diálogo aconteceu com os pais colocando a existência de diversos tipos de "nãos" que têm que usar durante o dia. O tipo de "não" que não pode ser mole, o tipo de "não" que é diferente do "não" da mãe, o tipo de "não" que acontece só de olhar, o tipo de "não" que pode machucar, o tipo de "não" que é mau e o que é bom.

Em outro momento os pais se dividiram em opiniões diferentes. Muitos pais revelaram que falavam muitos "nãos" para o excesso de consumo dos filhos e que sentiam dificuldade ao fazer isso naquele momento.

Na tentativa de concluir o encontro com os desenhos que não foram realizados no início, faz-se um novo movimento no sentido da realização do desenho de uma criança pelos pais, mas novamente revelou-se infrutífero. Para terminar pedimos um tema para o próximo encontro e concluiu-se com a possibilidade do tema a respeito de como explicar aos filhos a necessidade de os pais terem que ir trabalhar.

7.3. O QUE SE MOSTROU NO ENCONTRO

SÍNTESE:

- O "não" machuca o pai e é mais doloroso para ele do que para a mãe.
- O "não" do pai é mais preciso do que o da mãe.
- O "não" do pai é mais severo.
- O "não" como correção contra desejos dos filhos que os pais não podem satisfazer.
- O "não" como limite para evitar contato com estranhos por parte dos filhos.
- O "não" como demonstração de pulso firme.
- O "não" tanto como demonstrador de impotência, quanto no lugar da perda do poder.
- O "não" como orientador para a vida como uma lição a ser aprendida.
- O "não" recebido dos próprios pais orientaram uma vida de melhor conduta, uma vida correta.
- O "não" do pai como mais firme e decisivo.
- O "não" mentiroso do pai que o faz perder o controle sobre o filho.
- O "não" acompanhado do bater torna a criança violenta.
- O "não" como possibilidade de abrir espaço de escuta para com o filho.

- O "não" que protege e disciplina os maus hábitos.
- O "não" em conflito com outras regras.
- O "não" explicativo para as crianças entenderem o porquê não devem fazer algo.

7.4. AS CONSTELAÇÕES

EU E O NÃO DO MEU PAI QUE É MAIS FIRME DO QUE O DE MINHA MÃE:

O "não" do pai como mais severo do que o "não" da mãe, mas, ao mesmo tempo, o que o faz ocupar um lugar mais doloroso de manter do que o lugar da mãe. Esta constelação revela as ações cotidianas de relação de poder na dinâmica familiar. O lugar social do pai é carregado de poder em relação à mãe e em relação ao filho. O "não" do pai é revelado enquanto portador de um sentido mais firme e mais severo do que o "não" da mãe, impondo limites e definição de regras. Às vezes, manter esse lugar é muito difícil e doloroso para o pai, sendo gerador de conflitos e contradições com os quais tem que conviver. Vejamos as narrativas a seguir:

"O 'não' do pai é mais firme, o não da mãe é mais medroso, lá vem cinto" (Wilson)[1].

"O 'não' machuca o pai e é mais doloroso, mas é mais preciso que o 'não' da mãe". Dói no pai" (Décio).

"O filho já vai se acostumando com aquilo, porque o pai é mais severo" (Adolfo).

[1] As narrativas, na íntegra, estão em poder do grupo de pesquisa. Poderão ser consultadas por pesquisadores interessados no tema a pedido pelo e-mail: pedpos@pucsp.br.

"O meu 'não' para minha menina vale mais, o 'não' da minha mulher vale menos. Só vale para o menino. Mas é duro dizer o 'não'" (Rodrigo).

"O 'não' da mãe é mais maleável" (Adolfo).

EU E O DIÁLOGO:

O diálogo, quando aparece, surge na fala dos pais como um modo de prescrição de uma ação que deve ser seguida por eles. A maioria dos pais homens usa os discursos prescritivos, que não diz respeito à experiência deles em relação aos filhos. A prescrição surge como forma de evitar o conflito, ocupando, muitas vezes, a condição de mantenedor dos modos de submissão. Em outros momentos, a prescrição parece ocupar um sentido educativo, mas sem estar vinculada à própria experiência de vida de cada um deles. É mais uma forma de receita prescritiva de como é bom fazer uso do diálogo. Ainda, em outros momentos, apresenta um caráter de persuasão e mantenedor da ordem para com os filhos. Vejamos as narrativas:

"O 'não' de não bater nas crianças. Não pode vir com violência com ninguém, porque já cresce pessoa violenta, já fica ignorante na base da pancada... uma palavra é melhor que qualquer violência; antes conversar" (Wilson).

"Não é para bater. É sangue. É carne, você ensina seu filho a ser humilde. Tem que demonstrar educação" (Lorivaldo).

"As crianças falam o que acontece. Devemos escutar o filho para depois falar o 'não'" (Lorivaldo).

"Devemos explicar o porquê das coisas" (Wilson).

EU E A PROTEÇÃO, A ORIENTAÇÃO E OS LIMITES:

Esta constelação revela as ações dos pais como cuidadores de uma ação disciplinar sobre os filhos. É revelado o controle como justificativa atrelado ao caráter disciplinador sobre o desejo dos filhos. O "não" e as punições assumem o sentido de cuidar para uma vida orientada para correção dos maus hábitos dos filhos. A figura do pai aparece como orientador para uma vida mais tranquila e segura. O pai aparece como modelo de proteção contra a sedução, a sexualidade, o consumo e o fascínio das coisas deste mundo. Também surge o sentido doloroso de dizer "não" ao próprio filho, quando este quer coisas materiais e o pai não pode prover. Parece difícil ao pai colocar limites vinculados a sua impossibilidade de ser sempre provedor para o filho. Vejamos as narrativas:

"Tem coisa que não pode dar mesmo tendo dinheiro, com relação a brinquedos mesmo tendo condições. Já falei um monte de 'nãos'" (Adolfo).

"É mais doloroso para o pai do que para filho. Muitas coisas nós queremos fazer, mas não dá" (Lorivaldo).

"Tem que corrigir o filho que tem uma vaidade que você não pode dar, aí você se machuca, porque você não pode dar" (Lorivaldo).

"Não pode ganhar algo do outro que não se conhece, jamais pode aceitar, não sabemos a intenção, se eu não conheço pode devolver. É um jeito de eu proteger" (Lorivaldo).

"Doce não pode, tem que explicar o que é saudável ou não" (Igor).

"O moleque é terrível, se a gente deixar!" (Rodrigo).

"Se a gente acaba cedendo, a criança reverte a situação, quebra as nossas pernas" (Rodrigo).

"Se deixar muito à vontade, eles fazem coisas erradas" (Lorivaldo).

EU, O MEU PAI E A MINHA MÃE:

Os "nãos" recebidos dos próprios pais justificam a maneira de ser pai. Essa constelação revela como os pais homens assumem suas atitudes de pai enquanto ações desejáveis e corretas em relação a suas práticas educativas, pois os "nãos" recebidos por eles de seus próprios pais foram vivenciados como exemplos a serem seguidos ou como exemplos a serem descartados. O "não" de seus pais os desviou de caminhos errados visando, muitas vezes, à obediência.

O sentido do "não" está associado à proteção contra as coisas ruins deste mundo e à constituição de um bom caráter pelo filho. Suas práticas educativas foram constituídas por comparação ou por oposição a atitudes de seus próprios pais. Podemos notar, nesta constelação, a importância da alteridade nas relações intersubjetivas experienciadas por esses pais. Vejamos as narrativas:

"Os 'nãos' do meu pai. 'Não' à droga, 'não' à violência, 'não' para a má companhia e pessoas erradas. Ele afirma ainda que existem 'nãos' que servem como lição para todos nós" (Osmar).

"Tudo que é bom e que aprendi tento passar para meus filhos" (Osmar).

"Meus pais ensinaram: 'Para que dormir muito se quando morrer você vai ter a vida inteira pra dormir?' – ele pergunta. É o 'não' para não dormir muito. Hoje eu faço isso com o meu filho, João" (Igor).

"O não de meu pai me levou pelo caminho certo, eles me desviaram dos caminhos errados" (Décio).

"Eu apanhava duas vezes: meu irmão batia *[sic]* e eu apanhava de novo da mãe. Eu tenho hoje que prestar muita atenção para não bater" (Wilson).

"Era só o pai olhar e pronto já sabia o que devia fazer" (Lorivaldo).

EU E O MEDO DE PERDER O PODER:

Esta constelação revela o medo que o pai tem de perder a autoridade em relação ao filho. Os pais têm que impor limites aos filhos devido ao medo de perder o poder sobre eles. Surgem questionamentos sobre a possibilidade ou não de escuta e diálogo com o filho quando esses pais se propõem a refletir sobre o sentido doloroso de ser severo demais, mas a abertura para o diálogo só surge de modo prescritivo, isto é, o pai apenas prescreve uma possível ação que, na verdade, não está associada à sua própria experiência. Não há abertura para a troca, o medo de perder o poder faz o pai controlar a mudança que poderia ocorrer no filho. Parece que perder o controle dos filhos implica necessariamente não só a perda da manutenção de um lugar de controle, mas a perda da própria indentidade de pai – "quebrar as nossas pernas". Isso pode demonstrar que o receio é pela perda de um lugar identitário que o constitui como homem pai. Também aparece o sentido de estar, desse modo, escravizando o filho, impossibilitando que este surja como um filho que possui desejos próprios e diferentes de seus pais. Esses pais parecem estar experienciando um lugar que os coloca em conflito para consigo mesmos, em um lugar de contradições. Vejamos as narrativas:

"O 'não' do desperdício, ou jogar fora. Primeiro vai repercutir em cima de mim, do meu suor, sai do meu bolso" (Adolfo).

"Se você não tiver pulso firme, o filho vem e se intromete" (Lorivaldo).

"Eu me sinto como se estivesse escravizando meus filhos" (Lorivaldo).

"Temos que ouvir muito as crianças, tentar entender, mas, às vezes, pegamos pesado" (Igor).

"O moleque é terrível, se a gente deixar" (Rodrigo).

"Se a gente acaba cedendo, a criança reverte a situação, quebra as nossas pernas" (Rodrigo).

"Se deixar muito à vontade, eles fazem coisas erradas" (Rodrigo).

EU, O DESEJO DE CONSUMO E O DESPERDÍCIO:

Esta constelação desloca o pai a um lugar difícil de manter. É uma situação que gera conflito, pois ele se vê diante de um desejo de consumo do próprio filho e da impossibilidade de realização desse desejo. Para isso, deverá impor limites, que na verdade o machucam tanto quanto ao próprio filho, devido à impossibilidade financeira de poder satisfazer o desejo em questão. O "não" surge devido a um outro grande "não" que lhe é imposto socialmente porque lhe falta condição financeira. Essa falta é sentida como dolorosa, pois o pai quer poder realizar o desejo do filho, mas este também se encontra limitado.

Agora, quando o pai tem condições financeiras e impõe o limite, o sentido que aparece está ligado a evitar realizar todos os desejos do filho e a frear o desperdício que acarreta um prejuízo direto ao próprio pai, ao seu esforço e dedicação ao trabalho e ao dinheiro ganho suado. O "não" ao desperdício revela um sentido de preservar o lugar do pai, a sua condição de continuar a ser mantenedor e provedor da família. Vejamos as narrativas:

"Tem que corrigir o filho que tem uma vaidade que você não pode dar, aí você se machuca, porque você não pode dar" (Lorivaldo).

"É mais doloroso para o pai do que para filho. Muitas coisas nós queremos fazer, mas não dá" (Lorivaldo).

"Tem coisa que não pode dar mesmo tendo dinheiro, com relação a brinquedos, mesmo tendo condições. Já falei um monte de 'nãos'" (Adolfo).

"O 'não' do desperdício, ou jogar fora. Primeiro vai repercutir em cima de mim, do meu suor, sai do meu bolso" (Adolfo).

7.5. A CONSTITUIÇÃO IDENTITÁRIA

Os sentidos que se evidenciaram nas narrativas, dos homens pais, em relação ao tema "como dizer não aos filhos" originou, após as leituras e ao processo de análise, seis grandes constelações que estão citadas a seguir. Essas constelações apresentaram aproximação de horizontes entre os participantes e foram compreendidas enquanto parte do processo de constituição identitária desses homens. Os sentidos que são apresentados a seguir foram analisados a partir das constelações: "Eu e o 'não' do meu pai que é mais firme do que o de minha mãe"; "Eu e o diálogo"; "Eu, a proteção, a orientação e os limites"; "Eu, meu pai e minha mãe"; "Eu e o medo de perder o poder"; "Eu e o desejo de consumo e o desperdício".

Podemos apontar nas constelações "Eu, a proteção, a orientação e os limites", "Eu e o medo de perder o poder", "Eu e o não do meu pai que é mais firme que o não da minha mãe", "Eu e o desejo de consumo e o desperdício" o uso do "não" revelado pelas ações cotidianas dos pais, possuindo significações que denotam a manutenção de um lugar de poder do pai em relação à família. Lugar este de imposição de regras, limites e correções. As práticas educativas dos homens participantes apresentam sentidos que denotam o uso da força para a manutenção da autoridade diante dos filhos. O uso do "não" carrega sentidos de correção, visando a orientação, a boa conduta e uma vida correta. Esses modos de ser no dia a dia revelam como esses homens foram socializados e como interpretaram suas experiências vividas em meio às relações intersubjetivas na qual participaram em relação aos membros da sociedade e da própria família. Compreendemos esses momentos de constituição de sentidos como fundamentais no processo de constituição identitária.

Esses homens se compreendem como bons pais, corretos, honestos, firmes ao dizer "não" para os filhos. São pais que falam "não", mas sofrem, pois carregam consigo a marca da severidade e, ao mesmo tempo, têm certeza de que falar "não" é uma das melhores maneiras de educar um filho. Nesse processo evidenciam-se práticas educativas que evocam contradições sobre a identidade de cada um deles, uma vez que esses homens vivem o "não" carregado de sentidos contraditórios que, ao mesmo tempo, lhes oferecem um lugar de respeito, controle e de proteção diante das constantes ameaças da perda de sua autoridade familiar, mas que também os remetem a um lugar de severidade que os incomoda e é gerador de muito conflito. Podemos entender que tais práticas concretizadas em ações são momentos de muita relevância na constituição identitária desses homens. Esse processo identitário está sendo constituído por sentidos que são geradores de conflitos entre o que se espera de um pai hoje (identidade oficial) e como é vivenciada a experiência de ser pai na relação com os filhos.

Evidenciam-se também na constelação "Eu, meu pai e minha mãe" o papel fundamental da injunção do outro, no caso, os próprios pais e mães desses homens pais, como fundamentais na constituição de um si-mesmo. Podemos notar que na relação com seus próprios pais, enquanto crianças, os "nãos" recebidos por eles foram vivenciados, na maioria dos casos, como exemplos a serem seguidos.

São revelados sentidos que denotam como os pais homens assumem suas atitudes de pai como ações desejáveis e corretas, diante da experiência vivida na infância, que foi fundante na construção de uma noção da identidade pessoal e que agora é atestada na relação com os próprios filhos.

Em relação ao diálogo, na constelação "Eu e o diálogo" podemos observar que os modos de conversar com os filhos evidenciados apresentam uma horizontalidade de sentidos que convergem para narrativas que podemos nomear de prescritivas, isto é, apresentam fala direta de receitas, modos e maneiras que encontramos, no dia a dia e no meio social, como a melhor maneira de lidar com os filhos, mas que não surgem de suas próprias experiências para com eles. São falas que parecem estar longe da experiência vivida com seus filhos e cujo papel é de apresentar um modo socialmente reconhecido como o melhor caminho, mas que não é utilizado como recurso de suas experiências diárias com seus próprios filhos.

8. TEMA DO SEGUNDO ENCONTRO

"Como explicar para os filhos a necessidade de trabalhar"

8.1 PLANEJAMENTO DA REUNIÃO

TEMA DO ENCONTRO:

Tema sugerido pelos próprios pais no encontro anterior: "Como explicar para os filhos a necessidade de trabalhar".

OBJETIVOS GERAIS DA PESQUISA:

- Compreender como é experienciado, pelos pais, o momento de explicar para os filhos a necessidade ter de sair para trabalhar, em vez de ficar com eles.

- Investigar o sentido das práticas utilizadas para comunicar aos filhos que precisa ir trabalhar.

- Compreender se há diálogo ao explicar a necessidade e ir trabalhar para os filhos.

- Quais são os modos utilizados para se dizer que precisa ir trabalhar.

OBJETIVOS DO ENCONTRO:

- Refletir sobre a convivência familiar e a dinâmica da família na divisão do trabalho.

- Refletir sobre as maneiras de informar os filhos sobre a necessidade de trabalhar.

- Descrever e compreender os modos de dizer que vão sair para trabalhar.

- Compreender o sentido da experiência dos pais ao comunicar aos filhos que irão sair para trabalhar.

- Refletir sobre suas experiências com os filhos ao dizer que vão trabalhar.

- Refletir a respeito de como foi ter experienciado os próprios pais terem ido trabalhar quando eram pequenos.

- O tempo do trabalho e o tempo para ficar com o filho.

- Mesmo com excesso de trabalho, o que o homem pode fazer com os filhos e que eles, pai e filho, possam gostar?

- O que eles faziam em bons momentos com os próprios pais, quando estes não estavam trabalhando?

PARTICIPANTES:

Participaram três pesquisadores da PUC-SP: Denio, Gilberto e Anderson. No encontro, estavam oito homens pais que possuem filhos pequenos na creche da escola. São eles: Vitor (uma filha menina); Walter (um filho menino); Marcos (uma filha menina); Armando (uma filha menina); Fabio (uma filha menina); Edgar (um filho menino); Geraldo (dois filhos meninos); José (uma netinha menina). Todos os nomes aqui utilizados, com exceção dos nomes dos pesquisadores, são fictícios para preservar a verdadeira identidade dos pais participantes da pesquisa.

ATIVIDADES INICIAIS:

- Contato inicial.
- Apresentação.
- Retomar o tema que foi solicitado no último encontro.

AQUECIMENTO:

- Colocar o tema para o grupo todo.
- Ouvir sugestões para o trabalho em grupo.
- Se necessário, dividir em dupla e propor as questões de reflexão sobre a atividade.

REFLEXÃO SOBRE A ATIVIDADE:

- Refletir sobre a atividade do dia: o que significa ter pouco tempo para ficar com os filhos devido ao trabalho?
- Solicitar o tema do próximo encontro.
- Solicitar no final uma avaliação do encontro.

8.2. COMO OCORREU O ENCONTRO

Neste encontro, os pais, um total de oito participantes, foram chegando e se sentando separadamente um do outro, raramente sentando-se um ao lado do outro. Após todos chegarem, pedimos para fechar o círculo e propusemos que os pais se separassem em duplas e que, a partir daquele momento, cada um formulasse algumas perguntas ao parceiro de dupla. Posteriormente responderiam ao grupo se colocando no lugar do interlocutor. Tal proposta foi negada, os pais resolveram apenas se colocar cada um individualmente no momento em que bem entendessem. Foi proposto, então, que formulassem uma resposta a uma primeira pergunta: Como explicar aos seus filhos a necessidade de sair para trabalhar?

Cada pai se coloca, um por vez, para responder, e todos ficam escutando atentos. Cada um fala de uma experiência vivida e lembrada naquele momento. A partir da experiência específica de um pai, os outros pais vão se colocando e falando sobre suas experiências que foram parecidas ou contrárias à fala anterior. Falam de dificuldades, de embaraços e de complicações. Falam em dar algo em troca para a criança ficar tranquila com a saída deles para o trabalho. Falam da obrigação de terem que sustentar a família e do excesso de trabalho que têm que enfrentar diariamente, por vezes, jornadas de dias inteiros, sábados e domingos.

Parece ter havido empatia entre os integrantes do grupo, sempre atentos e intrigados pela fala um do outro. No final do encontro os pais agradecem esse espaço de encontro, pois dizem ter sido muito importante para eles, por proporcionar, além de aprendizado, o conhecimento do que os outros pais experienciam com os filhos e que eles nem imaginavam que acontecesse. A maioria pensava que só ela é que enfrentava dificuldades. Também não imaginava que os outros pais gostavam de brincar com seus filhos e que sentiam saudades deles.

O espaço então é aberto para a escolha do novo tema do próximo encontro. Aparecem temas sobre como educar as crianças e as birras que elas fazem. Finalizaram optando pelo tema sobre como lidar com as birras dos filhos. Este tema prevaleceu como mais importante para os pais no momento.

8.3. O QUE SE MOSTROU NO ENCONTRO

SÍNTESE:

- Muita dificuldade de dizer ao filho que precisa ir trabalhar em vez de ir à festinha na qual o filho quer a sua presença.

- A dificuldade de explicar implica, muitas vezes, mudar de assunto com o filho para depois dar uma escapadinha sem que ele perceba.

- O trabalho afasta a presença do pai com o filho.

- Dar balas, pirulito, pipoca para a criança ficar boazinha e não ficar brava quando o pai vai trabalhar.

- Usar estratégias para conseguir escapar para trabalhar sem que a criança perceba que o pai está indo trabalhar.

- O pai não aguenta ver o filho chorar quando vai trabalhar.

- O pai sempre foge da pergunta do porquê precisa ir trabalhar.

- O pai esquece de si para se dedicar ao trabalho, para que o filho tenha uma vida diferente da que ele teve.

- O trabalho faz o homem perder o tempo de ver o crescimento dos filhos.

- O trabalho como uma tarefa visceral para o pai.

- O trabalho como orgulho para o pai que pode assim sustentar sua família.

- Um pai sem trabalho passa por uma vivência muito dolorosa.

- O trabalho como uma luta, uma batalha para colocar alimento no prato dos filhos.

8.4. AS CONSTELAÇÕES

EU E O TRABALHO:

O trabalho assume o sentido visceral de preservação da família, o pai sente orgulho por trabalhar e poder dar de comer e sustentar a família e os filhos. Sem trabalho o homem não é nada, surge um sentido muito negativo ao estar desempregado. Estar nesta condição de desemprego é um pesadelo que assusta o homem pai. O trabalho assume um importante sentido na constituição da identidade enquanto um ser que possa prover sustento a sua prole. Sem trabalho não há dignidade, a identidade do homem pai, nesta condição, é extremamente negativa e destrutiva. Vejamos as narrativas: "Mas é legal, *mano*, é interessante, isso aí. Sair para trabalhar, *pô*. O orgulho do homem. Acho que é isso aí. Você sai para trabalhar, para, *mano*, sustentar sua família, *mano*. Fica na boa, não dá não, *mano*. Agora, eu pensei a pergunta assim para todos os pais aqui: 'Vocês conseguem ficar desempregados?'. Não dá, *mano*. Depois que o filho vem no mundo, você vai ficar desempregado é osso. Tem que trabalhar, ir lá entende, *mano*. Por mais que a criança não entenda, né, *mano*! O nosso lado, mas tem que tá lá, senão é bucha" (Marcos).

"É. Vai dar de comer. Vai vestir como a criança? Porque, antes de você ser pai, né, *mano*, você trabalha para você, né, *mano*? Então, vamos supor: estou trabalhando para mim, vou comprar roupa pra mim, vou sair, agora, depois que o filho vem ao mundo, você até esquece um pouquinho de você, você deixa você de lado, né, *mano*! Toda a renda vai para a criança, 70% vai para criança, você fica com os 30%, até *tá* bom" (Marcos).

EU, O TRABALHO E A FALTA DE TEMPO PARA OS FILHOS:

O trabalho distancia o pai de seu filho. O pai não pode estar presente em momentos importantes para o filho. A paternidade surge com o sentido de prover a família. O homem enquanto provedor do universo familiar. Ao mesmo tempo, o trabalho surge como um obstáculo do encontro com os filhos. Essa condição de trabalhar em excesso impõe a eles necessariamente um afastamento dos filhos. Isso gera conflitos, pois para sustentar a família o pai deve se dedicar ao trabalho e, ao mesmo tempo, essa dedicação o afasta dos próprios filhos. Vejamos as narrativas:

"'Mas não dá, filha, eu tenho que trabalhar!' 'Mas não, eu não quero que você vá pai, eu não quero que você vá!' 'Mas não dá, filha!' Aí é embaçado! (risos). 'Mas por que que você vai trabalhar?' 'Mas não dá, filha!' (risos). Isso aconteceu comigo aí, ó! Quando foi o que... quinta-feira! A minha filha falou demais comigo: 'Pai, vai ter a festinha amanhã. Vai lá! Eu quero que você vá!' 'Mas não dá, filha, não dá pra mim, é que eu tenho que ir trabalhar, filha. Não vai dá pra eu ir, não. Mas não dá!' (risos). É complicado" (Marcos).

“Mas, quando eu chego, pronto! Aí começa. Só que aí não é muito tempo, né, quando dá o horário de dormir, nem eu falo, nem eu consigo falar. ‘Não, ela vai ficar aqui comigo!’ Que minha mãe já não deixa, né, *mano*. Minha filha já é acostumada com nove horas da noite, já era, vai dormir. Mas nesse período que eu tenho, uma hora, uma hora e meia com ela, aí, ó! Duas horas até, *pá*. Ave Maria, *mano*!” (Marcos).

“Agora, como eu *tô* trabalhando de novo, eu só *tô* vendo ele agora no sábado e no domingo mesmo, ou só quando eu chego segunda e terça, que chego mais cedo, né? Mas de horário de dia, é só. Só segunda e terça e domingo à noite, ainda só o tempo livre que eu tenho com ele, é só domingo, cara” (Walter).

“Então, eu trabalho [...]. Eu tenho horário para entrar, mas não tenho horário para sair, firmeza?” (Walter).

“Meu amigo, se deixar é o dia inteiro. Vai embora (risos). Daí, depois, vai até a hora de dormir. Vai embora e tal, que nem, eu vejo minha filha assim, ó! Eu também tenho, eu tenho horário para entrar no *trampo*, mas para sair é difícil, porque eu trabalho na rua, né? Então, às vezes, o trânsito, né, atrasa você. Aí, quando eu chego às sete horas da noite, assim, ó, sete, seis e meia, seis e quarenta, aí eu fico com ela até as nove horas. Fico lá tomando meu banho e fico lá. Ela *tá* lá e vai para lá e começa a falar comigo e vai. Só que, assim, no dia do fim de semana, assim, no domingo mesmo, se deixasse e eu não tivesse para onde ir, assim, ixi, eu ficava o dia inteiro. Não tem um sábado e domingo. Aí que é complicado, né! Meu, para a gente que trabalha assim, que tem hora, com horário para entrar e não tem horário pra sair, é complicado às vezes. Para, para você sair, hoje você sai, vamos supor, hoje você sai às seis horas da noite. Ela já dormiu. Só vejo no outro dia. Tem *vez* que eu fico o que, dois dias, às vezes eu fico até dois dias sem ver minha filha. Vejo ela assim de manhã, na hora que acorda. De manhã não é a hora boa, né? Você acorda, assim, ó! Você vê, você já, vixi, *tá* na hora de sair, aí você não tira um bom proveito, né, *mano*! Você caminha, arruma ela, para? Dá o horário dela sair para creche, ela vem, você vai trabalhar. E assim vai, *mano*" (Marcos).

"Ah! Para mim é um pouco doído, né, *mano*? Você sente falta. Você sente falta, você sente saudade para caramba, *mano*! Você, eu queria ver minha filha, só que você não vai, só que chega do serviço tarde, você não quer acordar ela, né, *mano*? Mesmo assim, ela vai acordar, vai, vai, *mano*, vai acordar enjoadinha. Não dá, né, *mano*? Então você prefere deixar ela dormindo, só que esse tempo aí. Você só vai com a saudade mesmo. Depois que anda, você vê também, você já mata toda a saudade e pá-pá-pá, e aí é da hora! Mas é, não, é ruim, né, *mano*? E acostumou, você já tá acostumado com a sua criança. Aí você fica uma semana sem ver a sua criança? Vixi! Na hora que você vê é festa. Você não controla, é só esse dia de festa aí que [...] Vai ficar onde? Fica aqui comigo, aqui. Comigo aqui, ó!" (risos) "Fica aqui do lado, aqui, ó" (risos) (Marcos).

"Eu tenho em torno de uma hora de manhã e uma hora à noite. Às sete horas da manhã, a hora que ela acorda, eu acordo. Até as oito, eu levo pra creche, e aí chego dez horas, elas ainda *tão* acordadas e até as onze horas da noite. E sábado e domingo também, tem o resto para cuidar dela. E sábado e domingo" (Geraldo).

"Então. Aí eu já sumia, né? Meu desejo era trabalhar todos os dias, para poder comprar o pão, né, o calçado, a roupa, o chinelo, né. Aí então elas cobravam mesmo. Então elas me cobravam muito, aí ela começou a cobrar e agora que eu continuava trabalhando bastante, não ficava o fim de semana com elas, aí eu abri mão pra ficar com elas, eu abri mão pra ficar com elas. O sábado e domingo eu abri mão do serviço. Só é de segunda a sexta-feira" (Armando).

"Porque, se a gente não fica com a criança, não dá pra gente acompanhar o crescimento" (Armando).

"Por enquanto não entende, né? Pra onde levar, tudo é festa. Aí faz assim, ela fica na creche de dia e à noite fica comigo, que minha esposa estuda, aí na parte da manhã, a partir das sete horas, que eu chego no serviço, eu fico com ela até chegar minha esposa" (Geraldo).

"É que ela não tem dois anos e quatro meses agora [...]. Nunca teve, pai e mãe trabalham. Aí, sai pra trabalhar. Se a mãe sai pra trabalhar, às vezes minha mãe fica: ó, então, ó, fica com ela. Ela ainda está nessa fase de brincar ainda. Ela não presta muita atenção" (Fabio).

EU, MEU FILHO E A MINHA ESPOSA:

Estar junto com o filho é muito trabalhoso e, às vezes, parece como uma obrigação; o homem pai fica bravo em ter que assumir alguns papéis que em outras épocas eram femininos. A intermediação da mulher na paternidade surge como crescimento ou como obstáculo. Os conflitos e contradições de papéis estão presentes. Os homens ficam bravos em assumir algo que, para eles, é de responsabilidade da mulher. Surgem sentidos conflituosos. A paternidade é vivida afetivamente quando podem brincar com os seus filhos, livres de qualquer obrigação. Também surge a paternidade instituída, enquanto um lugar chato de assumir, por obrigação, do ter que cuidar de seus filhos. Evidenciam-se também sentidos ligados à experiência de completar e prover a falta que seus próprios pais não lhes proveram na infância. Os pais não querem deixar uma imagem negativa de si para os filhos no futuro, imagem esta que têm de seus próprios pais; como se os pais tivessem que prover de tudo e não pudessem deixar o filho conviver com a falta. Parece que a imagem negativa os refere identitariamente como maus pais, a uma identidade ruim. Vejamos as narrativas:

"As brincadeiras, assim, eu procuro *tá* sempre, às vezes, ele me chama assim, eu não *tô* muito a fim, mas você tem que ir, participar. Fica fazendo pergunta, conversando com os amigos" (Edgar).

"Não tem como. Tem que entreter ela e, é boneca, é cachorro, falar au-au (risos). Vai dormir, está falando au-au. É toda hora está no chão brincando e joga pra cima" (Fabio).

"A minha filha mesmo, quando, às vezes, à noite, assim, que tem muito frio, que ela dorme, ataca a tosse nela. Aí ela começa a tossir, aí ela acorda. A chupeta, se a chupeta cai, ela começa a chorar. Aí eu olho, olho, ela começa a chorar e a mãe dela *tá* dormindo. A mãe dela nem, nem acorda para olhar a chupeta, eu que levanto, dou a chupeta para a menina e eu cubro, e a mãe *tá* dormindo lá. Aí eu fico com uma raiva desgraçada. O mãe nem vê a menina tossindo de noite. Sono pesado, e eu não" (Geraldo).

"A minha filha, eu gosto e, eu gosto e brincar com ela é correndo. Ela corre atrás de mim, eu corro atrás dela. Ela pega uma motinho e quer que eu leve ela. Ela pega a motinho e já me manda empurrar ela. Ela senta na moto e bate o pé na moto e eu fico brincando com ela de empurrar. Eu não gosto, mais participo, desde que ela fique mais feliz e mais alegre e dá risada" (José).

"Porque o amor maior que de criança é quando ela tem o carinho dos pais, né?" (Armando).

"[...] eu tento curtir com o meu filho tudo que eu não curti com meu pai, você *tá* entendendo? O que eu gostaria de ter como criança, porque isso me magoa até hoje, então, tipo, é o tipo de bagulho que não sai e eu acho que não vai sair, não sei. Então tudo o que eu não tive com meu pai eu tento fazer com ele, pra ele sempre, sei lá, pra futuramente ele um dia, ele lembrar e falar: *Pô*! Ah, meu pai nunca deixou me faltar nada, tudo em relação a carinho, amor, essas coisas aí, *tá* entendendo? Então eu tento meu máximo, tiro uma hora mesmo que vou. O que eu não tive de carinho, de amor, eu passo pra ele" (Walter).

EU E A DIFICULDADE EM DIALOGAR COM MEU FILHO A RESPEITO DO TRABALHO:

O pai vive o conflito entre precisar trabalhar e ficar com o filho. Há a necessidade do dinheiro para sustentar a família e a dificuldade em dialogar a esse respeito. A paternidade é vivida enquanto um lugar experienciado pela falta de tempo e de contato com os filhos. Os homens passam pela experiência de acordar muito cedo para trabalhar e voltar muito tarde para casa. Sentem a falta de poder estar mais tempo com os filhos. Há o sentido de não prover o filho como ele gostaria, mas o trabalho é também carregado de um sentido positivo, pois é através dele que podem, também, ser pais provedores para a família. Surgem sentidos contraditórios entre a necessidade de trabalhar, em ser provedor e a falta de tempo de estar com os filhos. Vejamos as narrativas:

"Se você falar uma coisa e não cumprir, *mano,* carrega esse fardo toda a vida, *mano*. É realmente, né, *mano*? Pô! A criança, a criança é inocente, né, *mano*. Não sabe do nosso dia a dia, né, *mano*, o que a gente tem que lutar, batalhar pra colocar o de comer, pra dar o que vestir pras crianças, *tá* entendendo? Ela não entende ainda. Apesar de que a criança é esperta demais também hoje em dia, a criança está esperta demais. [...]" (Walter).

"Ah. Mas eu falei que não dava e mudei de assunto (risos). Ó, lá, o desenho, ó, lá! (risos). Dá uma escapadinha só – dei uma escapadinha. Mas, olha lá, vem ver o desenho agora, ó, o jornal, ó, lá, *tá* passando e foi embora. Aí ela esqueceu. Mas é complicado, *mano*" (Marcos).

"Ela não esquece, mais aí, depois que já aconteceu a festinha toda, aí já nem tocou mais no assunto. Mas tem que correr. Tem que dar um jeitinho de sair para o lado e (risos). Também a criança tem que entender tanta coisa que ela não vai entender, né, *mano*? É difícil! Porque você fala: 'Mas eu tenho que trabalhar para te dar comida, que não sei o quê', mas não. Ela quer, ela quer a sua presença ali também" (Marcos).

"Tem que dar uma ideia. Tem que dar uma bala, um pirulito, pipoca, salgadinho. Esse é o tema. 'Eu te dou um pirulito, chocolate, *tá*? Aí você fica bonzinho, firmeza?'" (Walter).

"É o único que eu acho. Porque ir falar na boa: filho, não dá e tal, eu tenho que ir trabalhar e tal, para não adiantar, você, tal, está te ajudando, ajudando sua família, sua mãe, tal e *pá*. 'Mas não, pai. Eu não quero não, pai. Eu quero que você fique aqui' e aí, 'Não, então eu te dou uma bala e um pirulito'. Daí, tipo assim, você começa com uma bala. 'Depois te dou um pirulito, um chocolate, uma pipoca e um refrigerante' (risos). Aí ele já, aí ele vai vendo: 'Um, dois, três, quatro, tudo isso? Tudo é meu, pai?' 'É tudo seu, filho'. 'Então está bom, pai, então, você pode ir' (risos). Esse é o jeito, se não dá não, é embaçado" (Walter).

"Meu filho sempre pergunta: 'Pai, você vai trabalhar, pai?' 'Vou, filho' 'E eu vou ficar com quem?' 'Você vai ficar com a sua mãe.' 'E amanhã, o que o senhor vai fazer?' Tem que ficar explicando até ele entender, contar as coisas. Aí ele esquece e no outro dia pergunta de novo" (Geraldo).

"Porque quando eu saio muito cedo, né, elas estão tudo dormindo, né. Então, ela não me procurava quando eu saía às quatro e quinze. Agora eu chegava mais cedo, ela acomodava, aí a gente conversava, entendeu? Mas é eu sobrecarregado entre o sábado e o domingo, eu *tava* trabalhando, né? Depois eu vi que estava fazendo errado. Aí eu parei, abri mão do serviço, e vamos fazer todos economia, poder ficar pelo menos de sábado e domingo, porque ela precisa da minha presença. Precisa que a gente sempre tenha um tempo para estar sempre acompanhando debaixo da minha presença, né? Porque, se a gente não fica com a criança, não dá pra gente acompanhar o crescimento" (Armando).

"Eu saio umas quatro e meia e ela fica dormindo. A gente fala que vai sair para trabalhar, né! É, fica sempre meio assim, mas *tá* acostumada, né!" (José).

EU E OS OUTROS HOMENS DOS ENCONTROS REFLEXIVOS:

O encontro com outros homens proporciona a possibilidade de pensar e refletir sobre a própria situação e promover mudanças em seu comportamento. A paternidade afetiva pode surgir no grupo. O grupo abre a possibilidade de o homem afetivo surgir sem sentir-se envergonhado. O outro do grupo, isto é, os outros pais do grupo, em conjunto, abrem a possibilidade de configurar um lugar onde possa surgir assuntos e comportamentos que não podem ser experienciados nos lugares que os pais frequentam normalmente. A percepção de que podem falar de si sem ser julgados lhes possibilita experienciar sentidos que poderiam lhes causar vergonha em outro tipo de lugar ou outro tipo de encontro. Pode, então, surgir o pai que brinca e rola no chão com seu filho, o pai carinhoso pode se expressar sem sentir vergonha, pois percebe que outro pai também brinca com o filho. As figuras da alteridade possuem bastante influência no modo como eles se percebem. Vejamos as narrativas:

"Bom, do meu ponto de vista, o que fica desse encontro de hoje é que a partir de amanhã é mais atenção, e mais carinho para as nossas filhas, né, *mano*? O que é legal é que é o seguinte, ó, é legal, *mano*, você chegar e conversar o que você tá aprontando com seu filho dentro de casa, né, *mano*? Ô (risos), assim, aprontando no bom sentido, que você está contando o que faz, então, vamos continuar até as criança crescer. Depois que crescer, já parte pra conversa, diálogo, essas fita aí, né? *[sic]* Então, enquanto é criança, vamos ser mais criança ainda um pouquinho, para num esquecer, né, da nossa infância também e dar uma boa educação, sempre presente com seu filho assim, ó! Para mim o que ficou foi isso daí, né, *mano*? Então eu vou continuar ainda sendo mais um pouquinho de criança ainda, para tirar com a minha filha, né?" (Marcos).

"Eu aprendi, eu só aprendi, né? Porque eu sou o pai mais novo, então, de todo mundo que tá dando aí, eu vou estar levando comigo aí, para estar melhorando, firme? Então, para isso que tem o aprendizado e vou sempre *tá* revendo, sempre, né? Porque todas as reuniões que eu venho aqui, eu aprendo uma coisa [...]. Então, isso é muito bom. E eu só tenho só a ganhar, né?" (Walter).

"Você consegue pegar um pouco do que cada um falou, né? E se eu tenho pouco tempo pra ficar um pouco com a minha filha, acho que ele tem menos, o outro tem menos ainda. Então, por que não aproveitar e pegar esse tempo com a minha filha, pô? Ainda tenho mais tempo que ele, trabalha direto. Então dá mais valor, né? Tem que aproveitar melhor, né?" (Vitor).

"Eu também, vendo todo mundo lá com as crianças, brincando e tal, eu não sou o único, então, eu vou continuar" (Edgar).

"Ah, legal! Isso! É legal! Eu não sou o único que brinco com a criança, eu não sou o único que deito no chão! E é preciso falar que uma das coisas boas que eu gosto muito dessas reuniões com os pais homens aqui é isso. É que a gente acaba criando um espaço pra falar de coisas que normalmente não tem lugar para você falar" (Denio).

"É mesmo. Fica mais no futebol, mulher, é difícil a gente se encontrar, um monte de pais assim e falar mesmo, não! Tem um pouco de criança dentro de mim ainda, porque isso aí é difícil, né, *mano*?" (Marcos).

"É, né?! Como aquilo que você ensinou para gente do brincar com o filho debaixo da cabana, né? Que ele troca de papel, o pai troca de papel, né? Vocês ficam com o filho e ele aí! Mas que esquisito quando ele fala para ficar quieto! Que coisa estranha (risos). Não sei se sozinho eu iria pensar isso na vida" (Denio).

8.5. CONSTITUIÇÃO IDENTITÁRIA

Evidenciaram-se nas narrativas desse encontro cinco grandes constelações referentes às narrativas dos homens pais em relação ao tema: "Como explicar a necessidade de trabalhar para os filhos". Essas constelações visam descrever como os sentidos apreendidos em relação ao trabalho podem se relacionar com o processo de constituição identitária.

Os sentidos que são apresentados a seguir foram analisados a partir das constelações que se seguem: "Eu e o trabalho"; "Eu, o trabalho e a falta de tempo para os filhos"; "Eu, meu filho e minha esposa"; "Eu e a dificuldade em dialogar com o filho a respeito do trabalho"; "Eu e os outros homens dos encontros reflexivos".

Submetendo as constelações a uma análise do sentido, compreendemos que o trabalho para esses homens participantes evidenciados nas constelações "Eu e o trabalho"; "Eu, o trabalho e a falta de tempo para os filhos" constitui um sentido muito positivo e de extrema importância para esses homens, pois eles podem ser aceitos como homens dignos e de respeito em relação aos outros participantes do encontro. Mesmo possuindo uma carga excessiva de trabalho e sendo uma atividade que, muitas vezes, aparece como obstáculo para o encontro deles com seus filhos, o trabalho mesmo assim identifica, dignifica e dá um sentido positivo à paternidade.

Surge de forma muito contundente o sentido da paternidade provedora. O homem tem que trabalhar para prover o sustento da família. Se o homem pai não conseguir trabalhar irá carregar uma carga enorme de sentidos negativos que o refere a uma constituição identitária com caráter depreciativo. Estar trabalhando assume um sentido visceral de capacidade de ser provedor e ter uma identidade positiva para si mesmo. O estar desempregado é assustador e apavorante para o homem que constituiu família e que tem filhos.

Também se evidenciam na constelação "Eu, meu filho e a minha esposa" os sentidos da intermediação da mulher que pode estar promovendo o crescimento ou, ao contrário, aparecendo como obstáculo para o exercício da paternidade. Os sentidos do brincar dos homens pais com os filhos surgem expressos como uma atividade prazerosa e afetiva com o filho, mas quando o pai tem que assumir um papel de cuidador do qual não se identifica, o faz apenas por obrigação. Vemos evidenciados, nesta constelação, a paternidade afetiva e a paternidade instituída, o que gera conflito e contradições, pois está lidando com a imagem do pai socialmente institucionalizada *versus* a experiência vivida por eles com os filhos.

Na constelação "Eu e a dificuldade em dialogar com o filho a respeito do trabalho" surgem outros conflitos e contradições vividos por esses homens pais relacionados à necessidade de prover os desejos dos filhos de estarem mais tempo com a presença deles. Mas a não realização desse desejo dos filhos causa conflitos, pois os pais precisam sair para trabalhar. Neste processo, precisam achar modos explicativos e compensatórios, entre eles, explicações racionais ou jeitos de prover por meio de guloseimas a falta que fazem para os filhos. A necessidade do dinheiro para sustentar o filho e a dificuldade em dialogar a este respeito aparece muito presente nas narrativas e esta situação parece estar sendo experienciada enquanto um lugar de falta. Os sentidos contraditórios surgem, ao mesmo tempo, quando este homem exerce o papel de provedor, de não deixar faltar nada para o filho e, ao mesmo tempo, ao fazer isso, ele também instala o lugar de ausência e falta relacionado a sua companhia.

A constituição de sua identidade pessoal está imersa em condições sócio-históricas que promovem diversas contradições de crises de sentido a esses homens. Coexistem formas de vida e de valores antagônicos que determinam o agir deles para com seus filhos, que lhes imputam uma constituição de um si-mesmo banhado ao mesmo tempo de muitas contradições entre o que se espera deles e o que é experienciado efetivamente na relação pai, filho e trabalho.

Em relação à constelação "Eu e os outros homens dos encontros reflexivos", os homens pais enfatizam como o encontro reflexivo proporciona uma influência mútua entre eles todos, pois despertam sentimentos e interpretações acerca de si mesmos provenientes da relação que se estabeleceu entre os homens do grupo. Surge a possibilidade de, no grupo, esses homens falarem mais sobre uma paternidade mais afetuosa que não aparece em outros lugares. Podemos atestar nessas constelações o caráter polissêmico da alteridade na constituição do processo identitário. Esses homens se compreendem pelas suas narrativas e pela narração não só de suas experiências, como também pela narração das experiências dos outros. Experienciam, assim, os acontecimentos no grupo como uma totalidade carregada de significações e sentidos que os constitui identitariamente enquanto homens pais.

9. TEMA DO TERCEIRO ENCONTRO

"Como lidar com a birra dos filhos"

9.1. PLANEJAMENTO DA REUNIÃO

TEMA DO ENCONTRO:

Tema sugerido pelos próprios pais no encontro anterior: "Como lidar com a birra dos filhos".

OBJETIVOS GERAIS DA PESQUISA:

- Compreender o sentido da maneira como reagem as birras dos filhos.

- Investigar o sentido das práticas educativas ligadas ao lidar com as birras dos filhos.

- Compreender se há ou não diálogo com a criança que faz birra.

- Quais são os modos utilizados para parar a birra dos filhos.

- Compreender o que é birra.

- Compreender como acontecem as birras da criança.

- Deixar que os pais falem de suas próprias birras quando criança.

OBJETIVOS DO ENCONTRO:

- Refletir sobre a convivência familiar quando emergem as birras dos filhos.

- Refletir sobre as maneiras de colocar limites na convivência com os filhos.

- Descrever e compreender os modos de lidar com birra.

- Refletir como foi a última reação experienciada pelos pais em relação às birras dos filhos.

- Refletir o sentido da utilização dos modos de lidar com a birra.

- Refletir sobre como reagir à birra sem bater no filho.

- Refletir a respeito de como foi receber uma surra do próprio pai quando fizeram birra quando criança.

- Refletir sobre o sentido em suas vidas ao receber um "não" de seus próprios pais.

- Refletir como é sair de uma situação de birra do filho em que tenha ficado satisfeito com o resultado.

PARTICIPANTES:

Estavam presentes quatro pesquisadores da PUC: Denio, Gilberto, Anderson e David. Participaram do encontro quatro homens pais com filhos na creche com idade até sete anos. São eles: Igor (um filho menino); Sérgio (dois filhos, um menino e uma menina); Gerson (quatro filhos, três meninos e uma menina); Fabio (uma filha menina). Todos os nomes aqui utilizados, com exceção dos nomes dos pesquisadores, são fictícios, para preservar a verdadeira identidade dos pais participantes da pesquisa.

ATIVIDADES:

- Contato inicial.
- Apresentação.
- Retomar o tema que foi solicitado no último encontro.

AQUECIMENTO:

Introduzir o tema a partir dos questionamentos:
- Contar um caso de birra do próprio filho.
- Contar como reagiu à birra do filho.

REFLEXÃO SOBRE A ATIVIDADE:

- Refletir sobre a atividade do dia.
- Solicitar o tema do próximo encontro.
- Solicitar no final uma avaliação do encontro.

9.2. COMO OCORREU O ENCONTRO

Neste encontro os pais, um total de quatro participantes, foram chegando e se sentando já em cadeiras dispostas em círculo.

Dois pais trouxeram dois filhos pequenos que começaram a jogar bola dentro do espaço da reunião. Após o início, eles foram para uma sala ao lado onde havia atividades para fazer enquanto esperavam os pais. O tema foi colocado pelos entrevistadores.

Os pais começam a falar da raiva que dá quando os filhos fazem coisas que eles não podem controlar. Falam da vontade em bater nos filhos, nesses momentos. Conversam sobre a responsabilidade que eles têm hoje em dia com os filhos e comparam dizendo que quando pequenos era diferente. Alguns participantes nos dizem que, quando crianças pequenas, apanharam muito de seus próprios pais. Também aparece o discurso de que é sim necessário, hoje em dia, bater e colocar os filhos de castigo com o objetivo de poder controlar a criança.

Aparecem algumas falas no sentido de ignorar as birras dos filhos, não dando bola para isso; também surgem falas que acreditam que para se solucionar o problema é necessário ir logo batendo na criança e pronto. Outras falas sugerem a negociação com filhos que fazem birra. Posteriormente, esses pais relatam como apanharam muito quando crianças e como isso é uma lembrança ruim. Falam de suas experiências de apanhar muito de seus próprios pais.

Esses pais apresentam falas a respeito do bater e do medo de terem esta atitude, pois hoje bater nos filhos é crime. Outros pais falam do respeito que devemos ter para com os filhos e o encontro termina tomando um rumo com a proposta de achar caminhos que sejam alternativos ao bater.

No final do encontro, foi levantada a necessidade de eles pensarem em um novo tema para o próximo encontro, mas não conseguiram chegar a um consenso e ficaram de levar a outros pais a proposta de escolherem o assunto do qual gostariam de conversar. Ficou, então, combinado que posteriormente iriam ligar e informar aos pesquisadores na PUC a respeito do novo tema. O encontro encerra-se com a fala de alguns pais a respeito de como foi bom o encontro, pela oportunidade de aprenderem e voltar para casa mais experientes.

O novo tema para a próxima reunião é encaminhado ao grupo de pesquisa da PUC através de um telefonema, conforme havíamos combinado anteriormente com o grupo. Foi relatado que, após uma pesquisa feita pelo líder da creche com os pais que estavam interessados em participar do próximo encontro, o tema escolhido por eles foi: "O que é ser pai".

9.3. O QUE SE MOSTROU NO ENCONTRO

SÍNTESE:

- A birra como provocação da criança em relação ao pai.
- O pai fica bravo com a criança que lhe tira a autoridade.
- O pai tem que se conter para não bater no filho.
- O filho birrento batendo nos pais.
- A conversa e o diálogo utilizado pelos pais para evitar o confronto com o filho.
- A birra que deixa o pai alterado.
- O castigo que aparece como solução para a birra dos filhos.
- O bater surge como solução para conter a birra dos filhos.
- O castigo como solução para a birra.
- O pai que honra o diálogo que teve com o filho para evitar a birra.

- A dúvida se é certo bater no filho que faz birra.

- O respeito que a figura do próprio pai teve, na vida deles, quando apanhavam e quando faziam birra.

- A atenção dada ao filho diminui a probabilidade de que este venha a fazer birra.

- Questionamento a respeito do melhor caminho quando o filho faz birra: bater ou dialogar.

9.4. AS CONSTELAÇÕES

EU E A VIOLÊNCIA:

A birra parece ser mobilizadora de uma atitude descontrolada, acompanhada de muita raiva que encontra expressão no bater nos filhos. Esta raiva não consegue ser contida e leva os pais ao ato agressivo em relação à criança. Conter a birra do filho pela força surge como um caminho satisfatório e de solução rápida para o problema. O bater na criança birrenta parece estar associado, enquanto resposta do pai, a um modo de preservar seu lugar de autoridade perante a postura de enfrentamento da criança. Esta constelação revela a fragilidade do lugar do pai que é exposto quando a criança o enfrenta com suas birras. O pai deve conter as birras para poder sustentar seu lugar valorativo de respeito e autoridade. A perda da autoridade pode estar sendo interpretada como ameaça ao seu lugar de poder na família e o bater aparece como solução e imposição de ordem. Vejamos as narrativas:

"Porque a ira vem e, se você não tiver um sistema bom, você pega a criança e machuca mesmo" (Gerson).

"Ah! Imagina um bração desse aqui dando um tapa nele: machuca ele!" (Gerson).

"Se você der um tapa, resolve!" (Sergio).

"Pega um cinto aí e dá na bundinha dele" (Sergio).

"Vou te bater, vou te bater, vou te bater!". "Isso me irrita!" (Igor).

"Ficar de joelho num canto, dá vontade de pegar a criança de chinelo e dar um coro para deixar roxo" (Sergio).

EU E O MEU PAI:

A reflexão de suas próprias experiências quando criança ao apanharem de seus pais gera dúvidas se é certo ou errado também bater nos seus próprios filhos. Esta constelação expressa a relação que estes pais tinham com seus próprios pais quando criança. A violência por eles sofrida ora gera dúvidas em relação a suas atitudes, ora é referência e exemplo que serve para justificar suas próprias práticas educativas. Há o reconhecimento de sua responsabilidade na educação do filho e há muita dúvida sobre como realizar tal empreitada. Emerge também a percepção de que a forma como seus próprios pais homens cuidaram deles não serve como referência para lidar com a birras e as questões atuais de seus filhos. Vejamos as narrativas:

"O sistema dos antigos era mais bruto. Meu pai me batia com uma borracha da espessura de cinco dedos" (Gerson).

"Eu sempre apanhava do meu pai com doze borrachadas" (Sergio).

"Hoje bater nos filhos dá até cadeia" (Sergio).

"Ouvi muito: se não bater, a polícia vai bater. Ouço muito isso" (Igor).

"Em seu caso, havia muito mais um respeito pela figura do pai e uma ciência de que, se este pega pra bater, ele bate mesmo" (Fabio).

"Ajudar ele sobre aquilo que você já passou também. Eu já passei por isso, fiz isso e deu tudo certo" (Igor).

"Às vezes você faz certo, às vezes, não" (Fabio).

EU E O DIÁLOGO POSSÍVEL:

Na maioria das falas o diálogo aparece como narrativas prescritivas, e não como fruto da experiência que possibilite a efetiva apropriação de seu uso com os filhos. O diálogo surge como forma de persuasão e, poucas vezes, como forma de emancipação da criança. Esta prescrição surge como fórmula para evitar o confronto com o filho e a consequente perda de seu lugar de autoridade. Em algumas falas surge a abertura para uma atitude que proporciona a troca com o filho, o respeito e a espera pelo desejo do filho que possa aparecer, mas o modo narrativo ainda é prescritivo, isto é, não surge como um modo de ser que tenha sido apropriado da própria experiência com os filhos. Vejamos as narrativas:

"A criança mais novinha é mais difícil porque ela não fala e o adulto não entende. A criança também não entende o adulto" (Igor).

"Bater não é o caminho mais ideal. A coisa *tá* mudando e vai ter uma hora que a criança vai ter mais força e mais idade, e o pai não vai conseguir guiar o filho. A conversa é melhor mesmo estando nervoso. O melhor caminho é o diálogo" (Fabio).

"Se bater fosse certo para tudo, a gente não necessitava estar aqui conversando" (Denio).

"Quando a gente para pra ouvir a criança, ela se sente a toda-poderosa!" (Igor).

"Os pais falam muito, mas não ouvem. E a criança, quando aprende, quer falar, e a gente fala 'Cala a boca! Cala a boca! Cala a boca!'" (Igor).

"É importante arrumar um tempo para a criança, para encontrar novas possibilidades, mas tempo de qualidade em que você se sinta leve com a criança, dar atenção a ela" (Igor).

"Ouvir de verdade, sem julgamentos. A criança contou uma coisa errada, você tem que entender e não reprimir naquela hora. Depois eu vou pensar o que eu vou fazer" (Igor).

"Que é só falar, não precisa bater" (Gerson).

9.5. A CONSTITUIÇÃO IDENTITÁRIA

Os sentidos que surgiram desse encontro originaram três grandes constelações referentes às narrativas dos homens pais em relação ao tema "Como lidar com a birra dos filhos". Estas constelações evidenciaram características de aproximação de horizontes de sentidos entre os participantes e foram compreendidas enquanto parte do processo de constituição identitária. São elas: "Eu e a violência"; "Eu e o meu pai"; "Eu e o diálogo possível".

Em relação à constelação "Eu e a violência", podemos compreender como os homens pais se organizam e reagem às birras dos filhos. A birra parece ser mobilizadora de uma atitude descontrolada, acompanhada de muita raiva, que encontra expressão no bater nos filhos. Essa raiva não consegue ser contida e leva os pais ao ato agressivo em relação à criança. O bater surge provavelmente como resposta do pai como modo de preservar o seu lugar de autoridade e respeito. A perda da autoridade é possivelmente interpretada como ameaça à perda do lugar de poder que lhe é atribuído na família. Alguns homens pais parecem estar se compreendendo como corretos e firmes pela prática violenta. Nesse caso, o bater atribui uma qualidade de bom pai e um lugar de responsabilidade frente à educação dos filhos. A criança ao fazer birra quebra esta regra e expõe o pai ao receio quanto à perda de seu papel relacionado à autoridade.

Atrelado a esse modo de se compreender pela punição, a constelação "Eu e o meu pai" revela de onde esses sentidos foram sendo constituídos. Parecem ter sido originados na relação, quando crianças pequenas, de uma prática violenta exercida pelos seus próprios pais. Alguns interpretam a violência sofrida como o fato gerador do bom caráter que possuem atualmente. O filho que apanhava para ser corrigido é agora o pai que bate hoje para corrigir seu próprio filho. Podemos notar como esse processo identitário é gerado pela própria experiência nas trocas intersubjetivas, se dando nas relações com o outro, com as figuras da alteridade.

Já na constelação "Eu e o diálogo possível" são explicitadas nas narrativas de alguns desses pais um modo de agir que não está presente enquanto experiência vivida com seus próprios pais e tampouco vivida com os seus filhos. O diálogo possível surge em narrativas que denotam um modo prescritivo de utilização, isto é, o diálogo está ausente de qualquer experiência nas relações vividas com seus próprios pais e com seus filhos, mas aparece como um modo prescritivo, como uma boa maneira de se relacionar com o filho. O diálogo parece estar associado à fraqueza e o homem parece se esconder atrás de uma fala que denota um clichê veiculado socialmente e usado prescritivamente. Quando a narrativa surge fora desse caráter prescritivo, os sentidos que se explicitam são voltados com o objetivo de se evitar o confronto, o conflito, e manter os filhos à submissão da autoridade dos pais. O diálogo apresenta mais um caráter de persuasão do que de abertura de novas compreensões e novos caminhos que possibilitem a emancipação dos filhos.

10. TEMA DO QUARTO ENCONTRO

"O que é ser pai"

10.1. PLANEJAMENTO DA REUNIÃO

TEMA DO ENCONTRO:

Tema sugerido pelos próprios pais no encontro anterior: "O que é ser pai".

OBJETIVOS GERAIS DA PESQUISA:

- Compreender o sentido de como é ser pai para cada participante do encontro.

- Compreender como ocupa este lugar de pai na dinâmica da família.

- Compreender como é a experiência de ser pai com os filhos.

- Compreender como é a experiência de ser pai na relação com a esposa.

- Compreender o que é confortável no lugar do pai.
- Compreender o que é desconfortável no lugar do pai.
- Deixar os pais falarem sobre suas primeiras experiências como pais.
- Deixar os pais falarem sobre suas experiências do dia a dia com a família.

OBJETIVOS DO ENCONTRO:

- Refletir sobre como é vivido o lugar do pai.
- Refletir sobre como foi a experiência em ser pai pela primeira vez.
- Refletir sobre como foi a experiência em ser pai outras vezes.
- Refletir se houve mudanças, como homem, quando foi pai pela primeira vez.
- Descrever os lugares que são cômodos no papel de pai na família.
- Descrever os lugares que são desconfortáveis no papel do pai na família.
- Refletir a respeito de como vivenciaram a função de filho com seus próprios pais.
- Descrever o que eles gostariam de mudar neste lugar vivido por eles na família.
- Refletir sobre o lugar do pai e o que eles podem fazer para melhorar esse papel.

PARTICIPANTES:

Estiveram presentes dois pesquisadores da PUC-SP. São eles: Denio e Gilberto. Participaram efetivamente do encontro os seguintes homens pais: Cláudio (dois filhos meninos); Ronaldo (um filho menino e uma filha menina); Francisco (um filho menino); Igor (um filho menino); Vinicius (uma filha menina); Caio (dois filhos meninos); Fabio (uma filha menina); Rogério (um neto menino). Todos os nomes aqui utilizados, com exceção dos nomes dos pesquisadores, são fictícios para preservar a verdadeira identidade dos pais participantes da pesquisa.

ATIVIDADES:

- Contato inicial.
- Apresentação.
- Iniciar o tema que foi solicitado no último encontro.

AQUECIMENTO:

Introduzir o tema a partir dos questionamentos:

- Contar sobre sua experiência quando foi pai pela primeira vez.
- Contar sobre como é ser pai para eles.

REFLEXÃO SOBRE A ATIVIDADE:

- Refletir sobre a atividade do dia.
- Solicitar o tema do próximo encontro.
- Solicitar no final uma avaliação do encontro.

10.2. COMO OCORREU O ENCONTRO

Neste encontro os pais, um total de oito, foram chegando e sentando-se ao redor de uma mesa na qual os entrevistadores já estavam esperando. Sentavam-se em cadeiras separadas, deixando uma cadeira vazia entre eles e só posteriormente, com a chegada de outros pais, a mesa ficou completa sem espaços vazios. Os entrevistadores colocaram o tema do encontro "Como é ser pai" para eles. Porém, anteriormente foi pedido em um primeiro momento que se apresentassem e que dissessem quantos filhos tinham cada um e qual a idade deles.

Os pais iniciam suas falas indicando quantos filhos têm e a idade de cada um. Após esse momento, aparecem discursos sobre a falta de planejamento do casal em ter filhos e a necessidade em aceitar o filho que nasceu sem ter sido planejado. Posteriormente, surge o assunto do medo de ter filhos e não conseguir acompanhar o crescimento deles. Em outro momento, o assunto gira em torno dos diferentes modelos de família no qual convivem. Foi possível perceber que as famílias são formadas a partir de necessidades cotidianas que comumente as obrigam a romper com os modelos mais tradicionais e ideais de família. A organização familiar não é dada pelo laço biológico, mas pelo papel que cada um ocupa nesta organização familiar. Todos os participantes chamaram de família as pessoas com quem dividem o mesmo espaço físico, embora alguns tenham citado também a presença de uma "segunda família", que é o caso um participante que não mora no mesmo lugar do filho, pois ainda mora com seus próprios pais e não com a esposa e o filho. Há casos de avós que assumem o papel de pais de seus netos e também surge o caso de um participante que se tornou pai adotivo devido à convivência que já tinha com a criança.

No meio da reunião, começa uma discussão a respeito do valer ou não a pena ter filhos neste mundo que se encontra todo deturpado. Alguns pais acham que vale a pena, outros acham que não. Alguns falam posteriormente da agressão que sofreram de seus próprios pais quando crianças, como um exemplo a não ser seguido por eles, mas, em contraponto, aparece a necessidade de impor limite, "cabresto" e bater para educar os filhos.

Em um certo momento, já no final do encontro, há um desconforto de quase todos os pais em relação a um pai específico (um avô que cuida dos netos) que se mostrou inadequado em algumas de suas falas. No final do processo, concluiu-se o encontro com os pais resolvendo o tema do próximo encontro que girou em torno da questão da convivência familiar, isto é, como é conviver com a mulher e com os filhos no dia a dia.

10.3. O QUE SE MOSTROU NO ENCONTRO

SÍNTESE:

- O filho como constituidor da identidade de pai.

- O susto e o ficar desnorteado quando se tem a notícia de que é pai.

- A responsabilidade que recai sobre as costas quando se é pai.

- O ter que trabalhar em dobro devido à nova condição de ser pai.

- A noção de ser pai quando se vê a barriga da mãe crescer, quando nasce a criança e a pega no colo.

- A vivência do filho como um pedaço do pai.

- O tornar-se pai com a presença do filho.

- Quando o filho chama papai se percebesse como pai.

- A sensação prazerosa de ser pai e ver o filho assim o chamá-lo.

- O orgulho de mostrar e comemorar com os amigos a paternidade.

- A sensação de transmitir seus valores ao próprio filho é muito prazerosa.

- A ideia de dar o que nunca teve do próprio pai agora para o seu filho.

- O pai que supera valores antigos que lhe foram ensinados pelos próprios pais.

- O pai trabalhador que serviu de exemplo a ele que agora se tornou pai.

- O lugar do pai seguindo a educação e o respeito que lhe foram dados pelos próprios pais.

10.4. AS CONSTELAÇÕES

EU, PAI E MEU FILHO:

O filho surge como constituidor do homem como pai. Ser pai passa pela experiência de ver o filho, de pegá-lo no colo, de sentir o filho corporalmente, da concretude de ter o filho nas próprias mãos. O ato de ser nomeado de pai pelo outro é constituidor da paternidade. Também se evidenciam os medos de ser pai e o susto ao notar-se pai pela primeira vez. Muitos expressam que a responsabilidade aumenta com a chegada do primeiro filho.

O papel de homem pai agora é diferente do que era quando homem solteiro, a paternidade fica atrelada ao aumento do número de horas trabalhadas para garantir segurança e um bom futuro para a criança que nasceu. A constituição de ser pai é sustentada e marcada quando os filhos o chamam como tal. Vejamos algumas narrativas:

"Mas, é, o João. A paternidade mesmo veio há dois anos e meio, né? Eu não tenho filho, né? O processo de adoção, mas eu era muito próximo dele, mas não queria, né, mesmo, participar como pai. Esse menino com quatro anos e partiu dele. Ele me chamava de 'meu Igor'. Eu era o Igor dele. E eu, pra eu dizer assim, é até impressionante. Primeiro falou: 'Posso chamar você de meu pai?'. Desde sempre assim. Pensei um dia, depois que você está remoendo. Aí fiquei quieto, mas o meu silêncio foi como um sim. Aí não deu, mas eu não queria ser pai. A vida tem seus momentos" (Igor).

"Ó! Esperamos, então, para mim, assim, nós planejamos, né? Só que para mim, enquanto tava na barriga dela, era uma coisa, entende? Depois que nasceu, que caiu a ficha, que eu vi lá no dia que nasceu lá. Eu fiquei meio desnorteado, não sabia pra onde ia, entendeu? Mas para mim foi uma experiência muito boa. Quando a menina estava nos meus braços. Porra! Minha filha! Agora eu tenho que trabalhar em dobro para garantir o futuro dela, entendeu? Só que, no momento que *tava* na barriga, eu não *tava* muito acreditando, depois que nasceu que eu me tornei pai, foi a partir desse momento, a partir dessa hora" (Vinicius).

"Até o momento que eu soube pelo telefone, que o hospital ligou, eu não tinha acreditado ainda. Quando eu fui visitar que foi. Peguei no braço e falei: 'Porra, essa aqui é minha filha'. Foi que caiu a ficha, que eu sou pai. Esse sou eu. O que é mais engraçado, uma das coisas mais bonitas que aconteceu comigo foi isso aí. Eu me tornei pai foi a partir do momento que eu peguei *ela* nos braços" (Vinicius).

"No meu caso também. A gente entrou num consenso, tinha uns quatro anos de casado, aí resolvemos ter a criança. Quando está na barriga você fica feliz, tudo, você vê crescendo, mas você ainda não tem aquele pega, então você ainda não tem aquele... É diferente, né? O afeto é outro, né? Mas eu acho que o primeiro contato que você tem, que você vê, que você pega, aí você já fala: 'Pô! Agora muda totalmente sua cabeça'" (Vinicius).

"Eu estou criando esse moleque desde a idade de três meses. Então o moleque para mim é como se fosse um filho. Só me chama de pai" (Rogério).

"Ah! Naquela hora você fica sem ação, você não pensa em nada, não, só em pegar a criança ali e, aí, já como no caso dela, já teve uns problemas. Precisou ficar internada, tudo no tumulto, aí você já sente que você mudou, né? Já sente preocupação. Agora, acho que eu estou vendo o que meu pai, minha mãe passaram, né? E aí, depois, vem pra casa, você fala: 'Agora sou pai mesmo!'. A hora que você escuta chamando de pai, você fala: 'Agora (risos) consolidou mesmo'" (Vinicius).

EU E O OUTRO QUE CONFIGURA AO HOMEM A POSSIBILIDADE DA PATERNIDADE:

A paternidade surgindo da relação duradoura do encontro com uma mulher, o namoro, a convivência contextualizando a possibilidade do homem solteiro em querer ser pai. Nem passava pela cabeça de alguns dos pais ter um filho, mas a ideia foi se concretizando em conjunto com a convivência de uma mulher. Em outro caso, o homem foi se constituindo em contatos frequentes com a presença de uma criança que o refere como pai. Essa criança o escolhe como pai, o chama de pai e lhe abre a possibilidade da paternidade. A presença do outro, enquanto alteridade, lhe abre a possibilidade da paternidade.

"Ah! Sei não. Até meus dezessete e dezoito anos, pensava nisso não" (Rogério).

"Se fosse para eu escolher não teria nenhum, acho que até os quarenta e quatro anos para si mesmo, mas mesmo com quarenta e dois anos eu não queria o meu. Eu tinha a sensação de ser pai para criança. O João mesmo, ele me tratava como se fosse o pai, e tudo, mas eu rejeitava essa ideia de ser pai, porque a ideia de principalmente gerar uma criança não estava em mim" (Igor).

"Penso que esse mundo não vale a pena. Então eu não geraria uma vida para pôr nesse mundo aí. Essa é minha visão. Desde os vinte e cinco anos, por aí. Então você fica naquela. Eu *tô* educando o João para esse mundo. Estou trabalhando com ele para esse mundo. Mundo no qual eu não concordo com a maioria dos valores que prevalece, que eu não consigo mudar e tenho que me adaptar a esses valores aí, e muitos deles eu não aceito e não concordo. Então também é, acreditando que o João terá essa dificuldade adiante. Eu não faria a opção consciente de gerar uma vida. Hoje eu não faria ainda. Essa é a explicação" (Igor).

"Não quero isso, isso se tiver a opção de escolher ter filho hoje, eu não tenho, por razões diversas. Mas a sensação de você, de um ponto de vista prático, é muito boa, não me arrependo nem um pouco de ter aceitado o compromisso. Na verdade, aceitado, porque minha intenção era de ajudar o João a ele caminhar para seguir a vida dele, com a mãe dele. E acabou tomando um outro caminho" (Igor).

"Desde os oito anos trabalhava no Nordeste, cortando cana, e era só trabalho, minha vida foi só trabalho. Eu vim morar aqui em São Paulo com dez anos de idade, mas quando eu cheguei aqui, fui trabalhar em um lava-rápido e assim sucessivamente, sempre trabalhando, até hoje, graças a Deus. Vivi só trabalho. Estudei até o segundo grau, mas só trabalhando. Trabalho mesmo. Nunca pensei em ser pai e, depois que eu comecei a namorar, conheci essa mulher, foi que fui morar junto, aí resolvemos ter filho, entendeu? Mas não pensava em ser pai não. Agora sim, que eu sou pai, né? Mas nunca pensei, não" (Francisco).

"Nem pensava nessas coisas, mas e eu comecei a pensar, depois que eu comecei a namorar essa que eu estou agora, três anos já que eu estou, que eu, ela mora mais eu. O cara casado hoje em dia e não ser pai, então melhor ele não casar. Sentir o amor de ser um pai, para mim se não é casado e é solteiro e só tem uma mulher só para mim, eu acho que não basta" (Francisco).

EU, O BATER E O DIÁLOGO:

Surgem, nas narrativas de alguns pais, sentidos negativos em relação ao diálogo. O diálogo novamente aparece com o sentido de prescrição, isto é, deve ser utilizado, mas está ausente da experiência vivida com o próprio filho. O diálogo parece não resolver o problema. O que resolve mesmo são umas boas palmadas. O corretivo deve ser dado para evitar dissabores futuros com os filhos. O sentido que se mostra referente ao diálogo está associado a possibilidades de persuadir a criança diante do desejo do pai. A palmada se sobrepõe ao diálogo na troca de experiências com o filho. Um dos participantes abre a possibilidade da troca de experiência pela via do diálogo, mas o medo de bater também se mostra na fala do pai. Vejamos algumas narrativas:

"Eu bati na minha menina uma vez. Que ela teve três reclamações na escola. Na primeira e na segunda, eu conversei com ela, tudo direitinho, mas ela falou assim que pode mandar bilhete, pode reclamar, pode me chamar que eu não ia bater nela! Então, 'Ah! Ela falou isso!'. Então, quer dizer, ela pegou a confiança que, por mais que ela aprontasse, ela não ia apanhar. Aí, um dia, eu cheguei em casa, dei um tapa na bunda dela. Aí, também desse dia, nunca mais ela aprontou na escola e está até hoje" (Vinicius).

"Ah, duro, viu! É duro. Você não quer bater, mas tem um momento que você tem que bater, tipo nesse caso dela tem que dar umas palmadas nela, que ali ela ia continuar aprontando. Por isso que eu conversava com ela. Para ela tanto faz. Ela falava: '*Tá* bom', mas aprontava. Ela chegou para a professora e falou: 'Pode chamar meu pai que ele não vai me bater mesmo!'. Foi quando eu dei um tapa nela" (Vinicius).

"Para mim, na educação da minha filha, eu vou mais na base da conversa, né? E eu sei que ela é pequena ainda, mas eu sigo muitos os exemplos da minha própria família, né? Umas *prima [sic]* que eu tenho que tem o que... Treze, quatorze anos, já tão aí no mundo, entendeu? Estão aí, sai hoje, só chega com dois, três dias em casa. Treze anos! Não vão para escola mais, tem professor que liga, o diretor liga para minha prima: 'Ó, sua filha não *tá* na escola, vai perder a vaga, não sei o quê'. Então eu converso muito com a minha filha sobre isso aí, né? Para não seguir o mesmo caminho que elas *tão* seguindo, porque não é certo uma criança de treze anos sair hoje e só chegar com dois, três dias em casa, sabe lá onde estava, entendeu? E a escola que é bom nada. A mãe é analfabeta, o pai está preso.

O pai tem mais de dezoito anos e está preso. Então só fez dezoito anos ou era, porque tem treze anos, então tem um bom tempo – doze, onze anos – que ele está preso, então ela falou: 'Ah, não estou nem aí. Ele *tá* pagando o que ele fez, entendeu? A vida lá é dele, eu *tô* aqui fora, então faço o que eu quero'. Então eu converso muito com a minha filha sobre isso aí, para não seguir o exemplo das primas, né? Porque eu acho que isso não é futuro para nenhuma, para nenhuma pessoa, entendeu? Fazer o que ela faz. Então eu converso muito com a minha filha, para não seguir o mesmo caminho dela. Então eu procuro estar sempre conversando com ela, apesar de que é criança de seis anos, eu procuro 'ó, é isso, isso e aquilo!'. Sei. Então, quando ela crescer, ela vai lembrar de alguma coisa. Talvez, se ela lembrar de alguma coisa, não siga o mesmo exemplo da prima, né? Que era igual, eu falei. Meu tempo foi desde os oito anos até agora só ralando. Só trabalhando, trabalhando, então não tenho tempo para nada. Nunca fui numa discoteca, fui uma vez só no cinema, até hoje, uma vez só. Então para que ela não siga o mesmo caminho. Para mim é isso" (Fabio).

"Mas esse negócio mesmo da criança saber que não vai apanhar dá uma insegurança mesmo para o pai. O João mesmo, vez por outra, chega para mim e fala: 'Você nunca vai me bater?'. Eu reafirmo: 'Eu nunca vou te bater!'. E nós andamos aí. Ele vê uns colegas dele que têm um conto, com o que os colegas passam na mão dos pais, apanham mesmo tomando uns coros. E aí ele apronta umas, fica inseguro, vira pra mim e pergunta: 'Você nunca vai me bater?'. Falo: 'Nunca vou te bater'. E, às vezes, quando estou tenso, nervoso, assim, ele fica assim, olhando pra mim, tipo desafiando: 'Será que esse cara vai me bater?'. E depois ele pergunta: 'Você não vai me bater, né? Você prometeu que não vai me bater'. E eu reafirmo. Não sei até onde eu vou, mas acho que eu vou dar conta, porque eu atravessei seis anos, acho que está em uma das fases de desenvolvimento melhor, mas eu acho que nós devemos reafirmar isso: que nós não vamos ser violentos, vamos encontrar um jeito de sempre não bater. Mas é difícil. Eu fico pensando mil vezes" (Igor).

EU E O MEU PAI:

As narrativas surgem referenciando o outro, no caso, o próprio pai, como injunção fundamental nos modos como alguns desses homens pais constituem suas práticas educativas. As experiências vividas com os próprios pais surgem fundamentando a constituição das experiências que irão ter com seus próprios filhos. Há uma disposição a ser como um igual ao próprio pai, ou a se constituir como um diferente ao próprio pai. Podemos, também, verificar as contradições a que estão expostos esses pais da pesquisa, pois ora seguem o que lhes foi compreendido como melhor modo de estar com os filhos e, ora, ao contrário, querem seguir o caminho oposto ao experienciado com os próprios pais. Surgem conflitos, pois querem ser bons pais e dar uma boa orientação para o futuro de seus filhos, mas ao mesmo tempo põem em xeque as práticas educativas que tiveram e as práticas educativas que exercem para com os próprios filhos. Existe muita dificuldade, em alguns dos pais, em se compreenderem diferentes de seus próprios pais no exercício de suas práticas educativas. Vejamos algumas narrativas:

"Se é possível preparar, não tenho ideia assim, não, mas eu acho que, igual, no meu caso, eu tirei muito o exemplo do meu pai, né? A criação que ele deu, a educação que eu consegui um pouco, a mesma conduta que ele usou, né? Claro que vai mudando, estou falando porque tem muitas coisas que não dá para você fazer hoje o que eles faziam, né? Mas o seu exemplo, ela vai ter os seus exemplos dentro delas. Então, ela vai crescer, se eu for um bom pai, procurar sempre educar, tudo, acho que olha, por isso também, ir passando para frente, né? Para os filhos dela, para os netos" (Fabio).

"Acho que os filhos [seguem nosso exemplo], como a gente segue os caminhos dos pais. Eu, pelo menos, sigo a educação, o respeito que meu pai me deu. É isso que eu prezo e eu sigo. E eu tento passar isso para minha filha. [...] Eu acho que você mostra o tipo de pai que você é, é o tipo de filho que você é, é o tipo de filho que você provavelmente vai estar formando. Então, se não mostrar atitudes adequadas, não é?" (Rogério).

"Porque a gente tem muito, nós pais, eu tenho isso comigo, nós adultos, tem muitas contradições. Muitas contradições. E as crianças olham aquilo ali e elas querem apontar. E a gente tem muita dificuldade de lidar com isso, com aquilo. Sabe, para mim é isso, sabe? Para mim é isso. Tem muita dificuldade" (Igor).

"Eu sofri muito, viu. Eu estudava filosofia para superar muitos falsos valores que meus pais me ensinavam, para mim, que são falsos. Nossa! Coisas que eu acreditava, que eu tive que superar. E eu principalmente meu pai. Minha mãe também, mas algumas crenças, algumas coisas que nos foi passada, que foi difícil, mas eu superei. Algumas delas que eu achava que era fundamental. E eu tenho, é claro, que às vezes os pais, quem ensina, têm certos valores que são falsos e que eles passam para os filhos e os filhos, muitas vezes, lá adiante, conseguem ler melhor, até progredir, por exemplo, a questão do bater. A comunicação mais dialógica. Eu ouço muito dos pais, principalmente dos homens: 'Olha, se eu não bater, a polícia vai bater', por exemplo. Seria um exemplo daqui da escola. E... tem outros modos de ensinar limites, sem bater. Por exemplo, eu aprendi isso: que era para o pai, tinha que bater, e o filho não podia questionar o pai. O pai falou, o filho tinha que abaixar a cabeça e obedecer e não questionar. Isso é uma das coisas, por exemplo, que eu tive muita dificuldade de superar e hoje, na prática, vivo isso com o João. Ele observa e questiona mesmo. Tem hora que ele me pega em contradição e eu fico. Tenho que engolir em seco para não ter atitude que eu aprendi lá atrás. E às vezes eu tenho. Depois, eu me percebo, olha, que eu estou pregando uma coisa e fazendo outra, então assim, é, eu sou muito crítico da educação tradicional, que, que eu recebi e a minha família, no lugar onde eu cresci, o meio onde eu cresci, sou muito crítico para mim, felizmente, eu superei muita coisa, felizmente mesmo, do meu ponto de vista, né? Porque, por exemplo, eu vejo aqui direto, os pais aqui da creche, vários pais que muitos filhos questionam: 'Olha, você *tá* fazendo isso errado', mas se você está errado, você tem mesmo é que dizer 'Olha, filho, eu estou errado mesmo, desculpa, eu vou me corrigir" (Igor).

10.5. A CONSTITUIÇÃO IDENTITÁRIA

As narrativas que surgiram neste encontro originaram quatro grandes constelações que apresentam narrativas dos homens pais em relação ao tema: "O que é ser pai". São constelações que apresentam aproximação de horizontes entre os participantes e busquei compreendê-las enquanto parte do processo de constituição identitária desses pais.

Os sentidos que são apresentados a seguir foram analisados a partir das constelações que se seguem: "Eu, pai e meu filho"; "Eu e o outro que configura ao homem a possibilidade da paternidade"; "Eu, o bater e o diálogo"; "Eu e o meu pai".

Podemos notar que a experiência de constituir-se como pai está primordialmente relacionada à alteridade. Em todas as constelações anteriormente citadas e, especialmente, nas constelações "Eu e o meu filho"; "Eu e o outro que configura ao homem a possibilidade da paternidade" e "Eu e o meu pai", a alteridade nas relações intersubjetivas apresenta-se como um modo fundador da identidade pessoal de cada homem pai. É na relação que esses homens estabelecem com o outro, seja com filho, com a esposa ou com as experiências vividas com os próprios pais, que esses homens vão se apropriando de uma identidade pessoal. Vemos aqui especialmente a relação com o filho ao nascer e o papel fundamental da esposa em nomear o esposo como homem pai. A alteridade surge como uma injunção primordial na constituição dos sentidos aos quais esses pais vão se apropriando como um si-mesmo. Constatamos o papel fundamental da alteridade na constituição identitária.

Nenhuma identidade se faz fora do mundo, esses pais são-com-os-outros. O outro da relação abre, para esses homens, a possibilidade de serem pais. Desse modo, podemos observar e constatar como a paternidade é um processo em construção e não uma coisa já dada, acabada e pronta. Notamos nas narrativas apresentadas diversas relações estabelecidas por esses homens, seja com o filho ou a esposa, que os convocam a ser pais. Em uma das narrativas, notamos um homem sendo convocado a ser pai, por uma criança que o escolhe para este papel. A criança o convoca à adoção e à paternidade.

Em outra narrativa, podemos notar que ser pai passa pela experiência de ver o filho, de pegar o filho no colo, de sentir o filho corporalmente. São experiências diferentes que constituem modos diferentes de dar sentido à paternidade.

Constatamos também na constelação "Eu, o bater e o diálogo" que o diálogo fazendo parte do processo de constituição identitária desses homens não surge como uma boa experiência em relação aos seus filhos, o diálogo é experienciado de modo prescritivo e, algumas vezes, como uma experiência negativa que pode levar à perda do controle diante do desejo do filho. A experiência do bater se sobrepõe ao diálogo. Estamos diante de sentidos negativos em relação ao diálogo na constituição de um si-mesmo.

11. TEMA DO QUINTO ENCONTRO

"Convivência familiar: o lugar do pai"

11.1. PLANEJAMENTO DA REUNIÃO

TEMA DO ENCONTRO:

A partir do último encontro foi sugerido o tema: "Convivência familiar: o lugar do pai".

OBJETIVOS GERAIS DA PESQUISA:

- Compreender as crenças e valores subjacentes às práticas educativas familiares e institucionais.
- Investigar o sentido das práticas educativas familiares.
- Estudar como o diálogo é compreendido.
- Pesquisar como as práticas educativas dialógicas são apropriadas pelos pais.

- Verificar como é a convivência, do homem, na família durante uma semana.

- Compreender o que prejudica e o que ajuda o convívio familiar.

OBJETIVOS DO ENCONTRO:

- Refletir sobre o que prejudica a convivência familiar.

- Refletir sobre o que ajuda a convivência familiar.

- Descrever e compreender o cotidiano da convivência familiar.

- Compreender o sentido do "com" vivido.

- Investigar como compreendem a família, as inter-relações ("com") e "lugares" dos protagonistas (o lugar do pai e do homem).

- Refletir sobre o lugar do pai.

- Refletir sobre o convívio familiar

- Refletir sobre as mudanças que desejam em relação à convivência familiar.

-Refletir sobre o que eles podem fazer para melhorar a convivência em família.

PARTICIPANTES:

Estavam presentes neste encontro três pesquisadores da PUC-SP: Denio, Gilberto e Marcos. Participaram efetivamente do encontro reflexivo os seguintes homens pais: Aroldo (um filho menino); Valdir (uma filha menina); Vitor (dois filhos meninos); Patrick (um filho menino); José (um filho menino); Eliseu (um filho menino e uma filha menina); Djalma (duas filhas meninas); Igor (um filho menino); Rodrigo (uma filha menina e um filho menino). Todos os nomes aqui utilizados, com exceção dos nomes dos pesquisadores, são fictícios para preservar a verdadeira identidade dos pais participantes da pesquisa.

ATIVIDADES:

- Contato inicial.
- Apresentação.
- Retomar o tema que foi solicitado no último encontro.

AQUECIMENTO:

Introduzir o tema a partir dos questionamentos:

- Como é a convivência na família durante a semana.
- Como é a convivência na família no fim de semana.

REFLEXÃO SOBRE A ATIVIDADE:

- Solicitar o tema do próximo encontro.
- Solicitar no final uma avaliação do encontro.
- Fazer uma listagem apontando **o que é bom e o que é ruim** na convivência familiar. Fazer outra listagem a partir do questionamento: O que o pai pode fazer para melhorar a convivência dentro de suas possibilidades?

11.2. COMO FOI O ENCONTRO

Neste encontro os pais, um total de nove participantes, foram chegando aos poucos, um a um, e tomando seus lugares um distante do outro. Pedimos então para formarmos uma roda pequena para que todos pudessem conversar e ouvir um ao outro. Nesse momento todos se movimentam com o intuito de fazer a roda. A partir daí os primeiros comentários foram em relação ao jogo da final do Campeonato Paulista, que estava para iniciar-se dali a duas horas. Os entrevistadores se apresentaram e referenciaram ao tema deste novo encontro: "Convivência familiar: o lugar do pai".

Os pais iniciam então as suas falas em relação ao trabalho. Praticamente todos trabalham muitas horas durante o dia e, muitas vezes, também, durante a noite para poderem sustentar as suas famílias. O tema sobre como dar atenção ao filho surge na fala de quase todos os pais presentes e há um consenso de que esses momentos de atenção são vivenciados com mais frequência aos fins de semana, quando podem ver um filme com o filho ou assistir aos programas de domingo, também em suas companhias. Alguns comentam que também levam os filhos até a creche. A maioria reafirma gostar do contato com os filhos. Muitas vezes gostariam de estar mais presentes, mas estão tão cansados devido ao trabalho que não conseguem compartilhar outros momentos de lazer com os filhos.

A figura do homem que trabalha muito, que não bebe e que também não é violento com a mulher e com os filhos é vista como um exemplo a ser seguido. Eles podem até beber e brigar com a mulher, mas não na frente dos filhos. A partir daí surge o tema sobre a violência. Por diversas vezes, o clima fica meio exaltado por causa do tema e também dos bailes funk que têm ocorrido com frequência no bairro onde moram. O tema do pai como membro fundamental, como um pilar da família, como protetor e como provedor de confiança e de segurança aparece de forma frequente. A figura do pai como protetor está presente nas narrativas tanto no meio privado (da própria casa) quanto na esfera pública (dos bailes funk, da praça, das ruas, da comunidade em geral).

O tempo do encontro passou muito rápido e eles não perceberam que já haviam passado quinze minutos do início do jogo (Santos × Corinthians) pela final do Campeonato Paulista. Ao perceberem que o jogo já havia iniciado, para nossa surpresa, nenhum pai ficou aflito, pelo contrário, quando foi proposta a realização de um quadro apontando o que os pais consideram positivo e negativo para a convivência familiar, eles permaneceram e gostaram de realizar a tarefa. Os pesquisadores utilizaram uma lousa para fazer um quadro com duas colunas: **o que é bom** e **o que é ruim** para a convivência familiar. Em seguida, com a participação de todos os integrantes, os pesquisadores foram escrevendo nas colunas do quadro as falas dos pais que foram se pronunciando. O encontro encerrou-se com a proposta de que tentassem melhorar nos pontos que consideram importantes para uma boa convivência familiar e o líder comunitário pediu que os pesquisadores mandassem uma cópia do quadro para ele para que colocasse na escola, permitindo que outros pais pudessem participar desta reflexão. Para finalizar, foi questionada qual seria a demanda para o próximo encontro e os participantes decidiram que gostariam de falar sobre violência.

Durante o encerramento, nenhum pai reclamou de ter perdido o início do jogo da final do Campeonato Paulista. Ao contrário, acharam muito proveitosos e importantes os assuntos que foram surgindo durante este encontro e, ao saírem para suas casas, ainda continuaram conversando em duplas e em pequenos grupos.

11.3. QUADRO REALIZADO PELO GRUPO

ASPECTOS POSITIVOS E NEGATIVOS PARA A CONVIVÊNCIA FAMILIAR

Bom	Ruim
Diálogo	Violência
Passear com o filho	Brigar na frente dos filhos
Escutar o filho	Não agradar a esposa
Dar atenção ao filho	Não estar presente
Aprender com o filho	Gritar com os filhos
Ensinar ao filho	Agredir os filhos
Ter paciência com o filho	Ter valores divergentes
Levar ao parque	
Ter filhos/fazer filhos	

FATORES BONS NA CONVIVÊNCIA FAMILIAR:

"Diálogo" (Arnaldo).

"Passear com o filho; Escutar o filho; Ensinar o filho; Paciência com o filho" (Valdir).

"Dar atenção ao filho" (Vitor).

"Aprender com o filho" (Igor).

"Ter os filhos; fazer os filhos" (Rodrigo).

"Ter não é muito bom, não, o melhor é fazer o filho" (Eliseu).

"Levar os filhos ao parque" (Eliseu).

FATORES RUINS NA CONVIVÊNCIA FAMILIAR:

"Violência" (Patrick).

"Brigar na frente dos filhos" (Patrick).

"Não estar presente na família" (Patrick).

"Não agradar a esposa" (Aroldo).

"Gritar com os filhos; não aprender com os filhos" (Valdir).

"Agredir os filhos" (Valdir).

"Ter valores divergentes" (Igor).

11.4. O QUE SE MOSTROU NO ENCONTRO

SÍNTESE:

- Fazer o máximo possível para estar com os filhos e a mulher.
- Trabalham muito à noite e de dia e ficam muito cansados para estar com a família.
- O cansaço e a falta de paciência os separam dos filhos.
- Estão aprendendo a ser pai o que, para eles, não é fácil.
- Aprendem a ser pai com a ajuda da mulher.
- Tentam controlar os filhos.
- A TV e o DVD como entretenimento nos fins de semana.
- Ficam na rua conversando com os amigos de fim de semana.
- Evitam brigas com a mulher na frente dos filhos.
- A mulher como balizadora em conferir-lhes o papel de bom ou de mau pai.
- O pai como protetor dos filhos.

- O papel de pai de mostrar o que é bom ou ruim aos filhos.
- Ser bom pai é não beber e não bater nos filhos e na mulher.
- O pai deve se esforçar, ser trabalhador e tomar atitudes.
- O pai deve acompanhar, conversar e escutar os filhos.
- O pai deve lutar contra perigos externos (públicos) que parecem invadir e seduzir os filhos.

11.5. AS CONSTELAÇÕES

EU E A MINHA ESPOSA:

A mulher surge como mediadora da relação pai-filho. A esposa pode ou não abrir caminho e espaço para o exercício da paternidade. O sentido que a esposa apresenta nas próximas narrativas é de fundamental importância na constituição de uma imagem positiva do homem enquanto pai. A esposa como constituidora e mantenedora do lugar do pai. Aparece, também, o modo prescritivo de ser um bom pai, isto é, do que se espera socialmente de um homem que seja considerado bom pai pela sociedade. Esse modo prescritivo é interpretado como modos corretos de estar nas relações com os filhos e com a esposa está ausente de qualquer experiência nas relações vividas com seus pares. Vejamos as narrativas:

"Eu e minha esposa nos damos muito bem porque eu faço a minha parte como pai e ela faz a parte dela como mãe. Então como eu a vejo como uma mãe atenciosa, dedicada, carinhosa, ela trabalha em casa e com as filhas, porque ela tem uma outra filha com um outro marido. Eu tento fazer o que ela faz, me esforçar, trabalhar em casa, ajudar. Então eu acho que ela, se comparar assim grosseiramente, é como uma mesa, eu preciso das pernas dela para ficar alinhado e ela também das minhas. Assim a gente segura para que nada caia. Eu dependo dela e ela de mim, então a gente trabalha assim" (Eliseu).

"Essa, eu estou há dezessete anos com ela e ela nunca falou que eu sou um mau pai. Para ela o que passou, passou" (Rodrigo).

"Perante essa coisa de ser pai, eu tenho certeza que ela, minha esposa, me considera um bom pai. Eu tenho muito a crescer, muito a evoluir, eu tento estar olhando o caderno deles, me aproximando deles, mas eu tenho muito a aprender mesmo, a tirar o melhor deles, para ser um bom pai" (Vitor).

"Eu sou um pai exemplar, é só isso que eu tenho para falar, minha esposa ela até falou" (José).

EU, O ESPAÇO PRIVADO E O ESPAÇO PÚBLICO:

Surgem nas narrativas o papel de cuidador e protetor que o bom pai tem de ter em relação à sua casa e sua família. A figura do pai como responsável pela proteção dos filhos no universo público também surge de forma muito marcante. O exercício da paternidade é entendido em uma teia de relações que estão presentes, desde o espaço particular (sua casa e família) até o universo de poder público (a praça, a escola, a rua, a comunidade em geral). As narrativas mostram como o Estado está ausente, deixando as pessoas de lado e sem proteção. Os pais, neste contexto, sentem-se obrigados a proteger sua família e seus filhos da desordem e das investidas do funk em sua comunidade. Sentem-se invadidos e com a família exposta a diversos riscos. O sentido de união entre homens pais se torna necessário para que ocorra uma investida mais eficaz. Vejamos as narrativas:

"Nós como pais e como homens precisamos pensar em como vamos ocupar esse espaço. Quando a população ocupa esse espaço, desse jeito, a gente fica menos recuado" (Igor).

"Que nem vem o motoqueiro e passa correndo para cá e para lá. É rua de movimento, tem que ter lombada lá. Eles nem olham a criança. Se fosse por minha conta, eu mandava rasgar aquela rua inteira" (José).

"Se a gente fizer um abaixo assinado, a gente muda isso aí. Faz lombada ou faz uma blitz aí" (Eliseu).

"Eu quero falar de um bairro lá de Embu das Artes: e eu e mais uns amigos meus, a gente entrou com um projeto. O projeto cresceu, virou uma casa de cultura, isso foi em 2001. Nós conseguimos apoio da prefeitura, de pessoal da feira e mudou drasticamente o espaço pra melhor. Foi lá que eu aprendi muita coisa. Então a lombada, a gente fica falando, mas o negócio é fazer alguma coisa. Eu não concordo cem por cento, mas concordo que a gente tem que fazer algo e lá a gente buscou investir nisso. Precisa juntar as duas coisas, tanto a repressão quanto a arte" (Eliseu).

"Tem uma liderança lá que vocês não apoiaram, mas tem muita gente que apoiou e vocês sabem que são. Aí a coisa foi crescendo. Agora a prefeitura não vai lidar com a situação imediatista, ela vai escutando, então essa ação de poder público ela vai acontecer. Então a gente precisa pensar na própria comunidade, pensar em que atividade que a gente vai trazer" (Igor).

"Mais denúncia do que a gente faz, eu estou cansado. Nós, como somos pai de família, não queremos nossos filhos ali, tipo, olha lá pai, *tá* dançando o funk, eu vou lá dançar também" (Vitor).

"O que precisa é parceria, o ideal seria uma saída mais definitiva, algo que apoie para ter uma base na comunidade para ter atividade. Então um ponto é melhorar o espaço, iluminação, mas mais do que isso, a população jovem precisa de lazer. Então, quais são os eventos que podemos produzir para atender. Se a gente não fizer isso, vem outro modismo" (Igor).

"Espera aí que eu estou falando, tem vinte anos que eu moro aqui. Você conhece a gente aqui. Nós não temos que ter medo, a gente tem que agir, não adianta essas pessoas quererem mandar em um lugar que a gente está aqui há muito tempo. Vem gente de outro lugar. Aí a gente tem que fazer abaixo-assinado. Aqui nunca teve isso aí. De um ano para cá, não, não é nem um ano, uns cinco meses que começou essa palhaçada aí. Começa a vir gente de Princesa, de Campinas, vem tudo pra cá. Se você for sair de casa, você não sai com carro. Não tem que ter medo não, como nós somos pais, temos que dar o exemplo para nossos filhos e nossas filhas, eu não quero isso pra eles, eu quero que ela seja uma pessoa do bem e não do mal. Ela vê gente fumando maconha, cheirando 'farinha' e eu não quero isso" (Valdir).

"Eu queria falar sobre esse negócio de funk que está acontecendo aí. Que nem, eu acordo às três e meia da manhã e tem aquelas caixinhas de som que ficam bem em frente a nossa casa e às três e meia da manhã fica o som ligado. Você vai acordar, não consegue nem dormir direito. Se todo mundo assim unisse, o povo todo, acabava com essa palhaçada, está incentivando muita criança de sete, oito, nove anos a entrar nessa. Uns funk doidos, não têm nada a ver" (Valdir).

"Na verdade, o que eu vou falar para vocês são duas práticas. Chega a ganhar mil e duzentos, mil e quatrocentos. Isso tem dois lados, primeiro que por trás do funk tem muita droga, tem tráfico. Por outro lado o pessoal, os comerciantes sabem disso, e eu fiz questão de avisar para eles. Agora, está tendo um planejamento da prefeitura para inverter isso. Agora tem dois lados, um é que essa praça teve um projeto de revitalizar, diminuir o número de carros, foi feito isso. Agora, o pessoal quer construir uma alternativa de lazer saudável. Agora aí entra a nossa responsabilidade porque esse problema vai acabar ou vai ser ignorado. Agora é porque a nossa população é muito carente de lazer, só tem a televisão aí. Se a gente conseguir ocupar a praça, a gente consegue aí sim manter esse espaço melhor. Então não basta colocar brinquedo, revitalizar, a gente precisa pensar em alguma coisa junto com a prefeitura para dar lazer para essa população. Então eu acho que o momento hoje é de tranco. Mas isso vai ser revertido, só que depois. O que eu queria fazer é fechar todo comércio, igual fez na Cohab, para regular. Qual a solução, é trazer a secretaria da cultura, trazer eventos que sejam bons. Inclusive essa é a saída que estamos procurando. Tem muita denúncia, umas duzentas denúncias no 190. Só aqui" (Igor).

EU E AS DIFERENTES ESTRUTURAS FAMILIARES:

Esta constelação revela as diferentes formas de organização que caracterizam aquilo que os participantes chamam de família. Através de um questionamento sobre a convivência familiar, foi possível identificar na fala dos participantes a existência de diversos modelos de família, independente de laços sanguíneos. Foi possível perceber que as famílias são formadas a partir de necessidades cotidianas que comumente as obrigam a romper com os modelos mais tradicionais e com a ideia de família socialmente compartilhada pelos meios de comunicação. A paternidade, nestas estruturas familiares é experienciada pelo homem como um fenômeno humano e não biológico. A figura do pai, nessas novas estruturas familiares, embora muito ausente da família, devido ao trabalho, surge diversas vezes como quem olha pelo filho com cuidados que, em outros momentos históricos, a mãe é que era responsável. Determinadas tarefas que pertenciam ao universo feminino estão sendo assumidas agora por esses pais. Vejamos algumas narrativas:

"Eu sou Rodrigo, pai da Graziela. Além dela, eu tenho mais dois. Ela saiu da creche e está no colégio agora, nesse projeto. Trabalho de motorista em uma distribuidora de autopeças, trabalho das oito às quatro horas. De manhã eu levo os dois para o colégio e o outro de quatorze anos vai sozinho. Meio-dia o mais velho pega os dois menores e traz pra casa. Aí quando é cinco e pouco a mulher chega. Com essa esposa estou uns quatro anos e meio e tive uma segunda esposa. O primeiro tem sete e está no Nordeste com a avó dele, o outro tem vinte e um anos, mora em São Paulo mesmo, com a mãe e o padrasto" (Rodrigo).

"É, eu durante a semana, de segunda a quinta-feira eu moro com os meus pais e meus irmãos, então fico lá na Brasilândia onde eu trabalho e moro, então não tenho contato com a minha filha e a minha mulher, só por telefone ou quando ela sai do trabalho ela passa na minha casa. Agora, com a minha filha mesmo, eu não tenho contato de segunda a quinta, só telefone. Sexta, sábado e domingo eu venho pra cá e fico com ela e com a minha filha, minha segunda família, e aí a gente tenta aproveitar o fim de semana com algumas coisas que aparecem, a gente tenta estar participando junto" (Valdir).

"É, por causa do meu pai, meus irmãos, são duas famílias, né, eu assumo uma família lá de segunda a quinta e outra aqui de sexta a domingo. A gente está muito bem, graças a Deus, faz duas semanas que a gente se vê sempre, ela passa na minha casa, a gente fica junto, vai à casa de parentes, a gente se relaciona muito bem" (Valdir).

"Eu conheci a minha esposa ela tinha dois filhos; eu trabalho até às seis e meia, então eu só os vejo à noite. Para mim é um pouco mais complicado, já que eu tenho que dar atenção, já que eu vim depois na vida deles. Durante o fim de semana eu fico tentando compartilhar uns jogos interativos, sei lá, levar ao estádio, sempre tentando estar o máximo possível na vida deles. É, eu estou a dois anos com a mãe deles, então tem bastante coisa que eu estou aprendendo, estou aprendendo a ser pai. Não é fácil, para vocês acho que é mais fácil que para mim, vocês acompanharam toda a gestação, o parto" (Eliseu).

"A minha convivência é que eu trabalho à noite e quando eu chego meu filho já não esta mais em casa, está na escola. Aí já deixo para ir buscar todo dia na creche. Se a mãe vem levar, eu venho buscar e se você perguntar para mim como foi na escola, o que ele fez, se ele gostou, se não gostou, eu sei. Eu chego em casa e converso um pouquinho com ele, eu gosto muito de conversar com ele, aí assisto um pouco do desenho com ele e vou dormir. Ela não trabalha, só trabalha em casa mesmo. Aí a gente sempre se encontra, a não ser que ela saia pra resolver algum problema, aí eu chego e ela não está, se não é todo dia. Nós dois conversamos com nosso filho, às vezes tem alguma reclamaçãozinha, aí a gente conversa com ele, fala que não pode" (Aroldo).

"Eu tento passar para eles o máximo de confiança, sair comigo normal, eles me tratam como pai e eu não tenho problema, trato como filho também. Depende, tento não levar os problemas do trabalho para casa, deixar os problemas lá. No geral, nos damos superbem, eu tenho um pouco mais de imposição sobre eles do que a mãe, apesar de eu estar a menos tempo com eles, eu tenho um pouco mais de controle sobre eles e isso é bom, tento ver as atividades que fez durante o dia na escola, na creche. Como ela entrou agora pouco, ainda não dá pra notar uma diferença no dia a dia" (Eliseu).

"A gente fica bastante em casa, eu sou mais caseiro, gosto de ficar vendo um DVD, jogando um videogame com a minha filha, sempre que eu estou jogando ela quer jogar, a gente acaba jogando. Em um evento como o de hoje a gente se separa, eu sou professor de jiu-jitsu, então eu fui para um evento, ela foi pra outro. Aí a gente se separa, mas quando dá estamos presentes, aí ficamos juntos" (Valdir).

"De segunda a sexta e aí de sábado e domingo é escala, a gente vai trabalhar das seis da manhã às dezoito horas. Aí tem domingo que eu estou disponível para levar as minhas filhas no parque, para divertir, para brincar, eu dou o maior carinho para elas, paras as duas, senão elas ficam com ciúme uma da outra. Quando eu pego muito uma, a outra fica com ciúme. Minha mulher trabalha num bar das sete da manhã às quatro e meia. Agora como ela está de licença, os quatro meses né, aí ela tem que cuidar da menor. Quem pega a minha filha na creche é a minha mulher, eu não consigo pegar. Só quando eu saio às duas horas. Então o meu dia é muito corrido. Mas o que eu puder fazer pela minha mulher eu faço por mim e por ela. Quando eu estou em casa no sábado eu fico o dia inteiro com ela, enquanto ela faz faxina dentro de casa eu dou o leite para menor e assim vai. Agora esse negócio de briga, a gente não discute na frente das crianças. Às vezes a criança pensa: 'Pai, o que você está discutindo com a mamãe?' Ela fala realmente o que sente. Aí ela chega no sábado 'Tem creche pra mim hoje?'. Ela adora o pessoal daqui, das amigas, se eu pudesse trazer de sábado e domingo ela vinha. Então eu só tenho tempo com elas no sábado e no domingo. Eu trabalho e por aí vai" (Djalma).

"Durante a noite eu chego, fico conversando com ele, dando atenção, mas tem que falar a verdade, tem dias que eu estou cansado, não estou com paciência, a gente sobe escada, desce escada, cansa. Tem uma pessoa que chegou aqui e disse eu tento deixar o problema fora de casa, mas às vezes não, às vezes a gente sem querer traz para dentro da nossa casa. Principalmente a gente que é estoquista e tem que, tipo, um chefe comandando, é melhor comandar animal do que gente; é pior comandar gente porque perde muito a cabeça, fala faz isso e a pessoa não faz e a gente fica nervoso, aí chega o patrão, mas à noite e durante a semana eu tento dar atenção para o meu menino e para a minha esposa" (Patrick).

"Ah, ela trata ele superbem. Gosta dele. Se ele chegar em casa, ela até zoa com ele, fala: 'O seu menino fala muito'. Porque ele chega e beija ela e fica quieto assistindo à TV. A mãe dele, tem mais de cinco anos que eu não tenho contato com ela. Ela mora em outro estado e nem liga para saber se o filho está vivo" (Cleiton).

EU, BOM PAI:

Os trechos das narrativas dos pais mostram uma maneira prescritiva de lidar com a avaliação sobre o que é ser um bom pai. O discurso está sendo falado sem a experiência da forma vivida. Indica uma forma prescritiva e um distanciamento da experiência de cuidar dos filhos. Os sentidos de ser um bom pai aparecem ligados às ideias de realização de determinadas ações, como olhar o caderno dos filhos, mostrar o que é certo ou errado, dar o exemplo através de suas atitudes, dizer "não" para alguns comportamentos como não fumar, não beber, não discutir com a mulher na frente dos filhos e não deixar o filho fazer tudo que quer. Vejamos algumas narrativas:

"Eu deixo a minha vez para o meu amigo. Eu não me digo cem por cento, mas procuro fazer meu papel de marido, ser uma pessoa que conversa bastante, sou uma pessoa que não sai muito de casa por conta do bebê. Eu não fumo e não bebo" (Eliseu).

"O lugar de pai, eu sou um pai exemplar mesmo, eu nunca bebo, quando bebo é à noite, então ele está dormindo" (José).

"O que eu não tive eles têm hoje, então sou um bom pai. Eu faço minha parte como pai. Eu acho que é acompanhar os filhos, fazer o que puder por eles" (José).

"O grande desafio de pai, eu escuto muito e tenho uma dificuldade nas relações que o João tem com as outras crianças. Às vezes, a gente não escuta a criança e a criança tem uma dificuldade de se abrir com o pai. De se abrir assim, quando eles aprontam, não têm a coragem de contar com nós" (Igor).

EU TRABALHADOR E A MINHA FAMÍLIA:

O trabalho constituidor do universo masculino e do seu papel na paternidade. O pai se mostra muito ausente do universo familiar, está mais presente e tem mais horas de convivência no trabalho do que com a família e com os filhos. Parece que seu papel de protetor, mesmo na ausência física, está atrelado à quantidade de horas que ele trabalha. O maior contato de alguns pais com os filhos acontece entre o horário de saída e chegada de casa do trabalho. No fim de semana, às vezes, a convivência é possível quando a família permanece dentro de casa e quando não têm que realizar horas extras no trabalho durante o fim de semana. Surgem contradições e conflitos entre o querer ficar com os filhos e ter que deixá-los para ir trabalhar. Vejamos algumas narrativas:

"Eu levanto às três e meia da manhã, saio para trabalhar às quatro e quinze, trabalho na CET, trabalho até as duas e quando alguém não vem, aí eu tenho que cobrir a vaga daquela pessoa até às dez" (Décio).

"Eu vou tentar (risos). [...] Eu sou estoquista. Quem leva meu filho na creche é a minha esposa porque eu não tenho tempo de trazer. Eu saio às seis e meia da manhã e ela sai às sete e pouco, quando é o final da tarde, quatro e quinze, quem pega ele é uma pessoa que eu pago, aí ele fica na casa da vizinha" (Patrick).

"É, mais que ela, porque eu levo e pego. O mais velho chega umas quatro e quinze, então a gente ainda se vê antes de eu dormir. Aí fim de semana a gente consegue ficar mais junto, mas agora tem três fins de semana que eu trabalho direto, e ainda vou trabalhar hoje" (Vitor).

11.6. A CONSTITUIÇÃO IDENTITÁRIA

Os sentidos que se evidenciaram nas narrativas desse encontro originaram cinco grandes constelações referentes às narrativas dos homens pais em relação ao tema: "refletir sobre a convivência familiar: o lugar do pai". Estas constelações apresentam aproximação de horizontes entre os participantes e são compreendidas como parte do processo de constituição identitária dos participantes.

Os sentidos que são apresentados a seguir foram analisados a partir das constelações que se seguem: "Eu e a minha esposa"; "Eu, o espaço privado e o espaço público"; "Eu e as diferentes estruturas familiares"; "Eu, bom pai"; "Eu trabalhador e minha família".

Emergiram das narrativas dos participantes diversas experiências relacionadas a diversos modos de estruturas familiares que apontam o exercício da paternidade como um fenômeno humano e não biológico. A constelação "Eu e as diferentes estruturas familiares" revela bem as diferentes formas de organização que caracterizam aquilo que os participantes chamam de família. Por meio de um questionamento sobre a convivência familiar, foi possível identificar na fala dos participantes a existência de diversos modelos de família, independente de laços sanguíneos. Em relação à constituição identitária, este fato social demonstra que esses homens estão experienciando diferentes relações intersubjetivas em diferentes estruturas familiares, o que tem proporcionado um agir humano relacionado à paternidade com diferentes modos de conduta e de constituição de sentidos para a identidade pessoal de cada homem pai.

Já na constelação "Eu trabalhador e minha família", o sentido que o trabalho tem para cada homem configura a experiência da paternidade de um modo horizontal entre todos os participantes. Todos trabalham muito, e muitas horas, e o trabalho concretiza-se em ações que se referem a uma experiência coletiva que se repete nas narrativas do grupo e que são de muita importância na constituição identitária do si-mesmo. Temos o trabalho como constituidor do universo masculino e uma injunção destes sentidos na identidade positiva dos homens pais.

O exercício da paternidade também se revela na proteção e responsabilidade pela família na constelação "Eu, o espaço privado e o espaço público", o pai surge como responsável pela família tanto no universo privado como no âmbito da teia das relações do universo público. O pai tem que estar atento a situações que expõem sua família a vulnerabilidades, às quais são expostos devido ao descaso público diante da falta de atuação nas comunidades de bairro. Esses pais sofrem com os bailes funk que expõem seus filhos e suas famílias, de um modo geral, a situações muito degradantes em relação à droga, à sexualidade promíscua e à bandidagem entre os frequentadores do baile. Vemos que em relação à constituição identitária as instituições sociais não conservam e nem disponibilizam sentidos positivos à identidade pessoal desses.

Na constelação "Eu, bom pai" os homens pais apresentam uma fala prescritiva de como é ser bom pai, dado pelo meio social em que vivem. Eles apresentam narrativas prescritivas sem que estejam relacionadas às experiências vividas por eles. Não fumar, não beber é um mérito que traduz a imagem e a identidade de um bom homem pai. Também aparecem nas narrativas dos pais modos específicos de conviverem com os filhos. Para eles "estar" com o filho parece significar "fazer" algo com e para o filho. Descrevem a convivência com os filhos por meio da ação que realizam, como jogar um jogo, assistir à televisão ou dar comida. Esse modo também aparece na lista que fizeram sobre os aspectos positivos e negativos da convivência familiar. Na maioria das vezes, consideraram que é bom para a convivência familiar fazer algo: passear, escutar, dar atenção, aprender, ensinar e levar ao parque. Ruim é brigar, não agradar, gritar e agredir.

Na constelação "Eu e minha esposa", apontamos a importância do processo relacional e da alteridade na elaboração reflexiva que acontece nas trocas intersubjetivas que são fundamentais na constituição identitária desses homens. A esposa abre caminhos para o exercício da paternidade. A esposa tem papel fundamental como constituidora e mantenedora do lugar do homem pai na estrutura familiar que se apresenta. Eles vão se constituindo nas trocas com o outro, que se concretizam na esposa, com os filhos, com a comunidade, com o trabalho e com o Estado.

12. A CONSTITUIÇÃO DO PROCESSO IDENTITÁRIO

Pretendo realizar a partir de agora um mergulho na compreensão da constituição do processo identitário tal qual formulado por Ricoeur (1991). Esse autor condensa em sua obra o conceito de identidade narrativa que visa a uma compreensão da maneira pela qual vamos constituindo nossa identidade pessoal. O conceito de identidade narrativa, formulado pela filosofia ricoeuriana, se constitui na produção de um conhecimento em consonância com a metodologia fenomenológica como possibilidade de compreensão de um si-mesmo alcançada pelo próprio exame reflexivo. Heleno (2001, p. 344) ao se debruçar e analisar a obra de Ricoeur nos demonstra que as reflexões, desse autor, a respeito dos temas aos quais se dedicou, estão fundamentadas em uma perspectiva hermenêutica e ontológica sempre fidelizada "[...] à abordagem fenomenológica vinda do pensamento husserliano".

Para Ricoeur (1991), a narração de si é uma importante via para o sujeito se compreender, se conhecer e fazer um exame de reflexões a respeito de si mesmo. A reflexão é um ato de retorno a si mediante a autocompreensão e, para esse autor, não existe compreensão sem interpretação. O conceito de identidade narrativa vai ser cunhando pela interpretação de si mesmo não se fechando em uma consciência coisificada, mas se abrindo para a transformação, para a constituição de um sujeito pela interpretação a respeito de si próprio, assim para Andrade (2000, p. 17) a "[...] consciência deixa de ser dado imediato e devém uma tarefa de autointerpretação, que é ao mesmo tempo autotransformação".

O conceito de identidade narrativa é o conhecimento de si pela interpretação, pelo diálogo consigo mesmo. A linguagem é entendida como mediação do mundo humano e como constituinte do sujeito. Para Ricoeur (1994, p. 91) "[...] se, com efeito, a ação pode ser narrada, é porque ela já está articulada em signos, regras, normas: é desde sempre, simbolicamente mediatizada".

O constituir-se enquanto sujeito exige a mediação linguística e sua explicitação que deverá passar por uma experiência simbólica. O conceito ricoeuriano a respeito de um si-mesmo reflexivo só pode ser compreendido na condição da experiência humana ser sempre a experiência do sentido. Nesse novo contexto Silva (1992, p. 20) nos mostra como "[...] é a dialética da experiência viva e da intersubjetividade das suas significações, abordada pela via longa de uma semântica das significações e da sua interpretação, que constitui a novidade fundamental da sua ontologia hermenêutica de Paul Ricoeur".

O projeto de Ricoeur é a elaboração de uma filosofia da linguagem capaz de iluminar as diversas maneiras do significar humano. O sentido carrega para o autor mais do que se mostra no aparente e o trabalho da hermenêutica do si-mesmo é sempre um movimento de decifração do sentido oculto no sentido aparente dos comportamentos do sujeito.

> Pois o símbolo nunca é, de fato, toda realidade simbolizada. O seu princípio é sempre o paradoxo do tempo e do caráter excessivo do sentido. Por outras palavras, ganhando tempo, o símbolo ganha sentido; é uma espécie de presente intemporal, que significa simultaneidade com todo o presente. Por isso, dá que pensar, isto é, diz sempre mais do que realmente diz. É um conteúdo sobredeterminado, que apenas se explicita por meio de uma série de retomadas que lhe conferem, ao mesmo tempo, renovação e interpretação (Silva, 1992, p. 25).

Em suas reflexões sobre o problema da hermenêutica, em seu livro *O conflito das interpretações,* Ricoeur (1978) nos mostra que o processo de interpretação é necessariamente gerador de tensão e conflitos devido aos confrontos interpretativos que são inerentes a este processo hermenêutico. O ser que interpreta, se confronta sempre com diferentes interpretações a respeito do mundo e de si mesmo e, por isso, esse processo, é gerador de tensão e conflito. A noção do ser enquanto um si-mesmo implica necessariamente um alto grau de complexidade no processo de autorreflexão proporcionado pela hermenêutica do si-mesmo. Mesmo em meio aos conflitos gerados pelo confronto de diversas interpretações no processo reflexivo, o si-mesmo se confronta e se autocompreende.

> Compreendemos assim que para Ricoeur seja o símbolo e sua textualidade (temporalidade) implícita a origem da hermenêutica e ainda que toda interpretação tenha necessariamente um caráter perspectivista e conflitual. Pelo seu sentido múltiplo, o símbolo origina uma noção da diferença (distância), que nenhum sujeito pode por si mesmo resgatar. A

> tensão constitutiva do símbolo transmite-se à interpretação (Silva, 1992, p. 53).

Dito isso, Ricoeur (1997, tomo III, p. 424) propõe a condução a um si-mesmo mais próprio, pelo ato reflexivo, através da pergunta: Quem? Desse modo, abre caminhos para a descrição, compreensão e interpretação do ser, "[...] a história narrada diz o quem da ação. A identidade do 'quem' é apenas, portanto, uma identidade narrativa. Sem o auxílio da narração, o problema da identidade pessoal está, com efeito, fadado a uma antinomia sem solução". Buscando pela pergunta "quem?", abrimos caminhos para o ser descrever, contar e narrar sua história. O conceito de identidade narrativa está ancorado no conhecimento conquistado pela compreensão e interpretação de si.

Ricoeur (1994, 1995, 1997), em sua obra *Tempo e narrativa*, conceitua dois tipos de narrativas: a narrativa histórica e a narrativa ficcional que se entrecruzam e se integram, abarcando em si tanto a história como a ficção efetivada em um tempo humano, compreendido como tempo fenomenológico. Ricoeur (1997, tomo III, p. 421) nos mostra que "[...] é com certeza a primeira aporia que a poética da narrativa traz a resposta menos imperfeita. O tempo narrado é como uma ponte lançada sobre a brecha que a especulação não cessa de abrir entre o tempo fenomenológico e o tempo cosmológico".

O que esse autor conceitua envolve a narrativa e o tempo na constituição da identidade narrativa, o conhecimento que o ser tem de si passa necessariamente pela interpretação de si no processo narrativo. Este ser se humaniza e se compreende na linguagem. A principal tese ricoeuriana se consolida na possibilidade da configuração do tempo humano, do tempo fenomenológico deste ser, pela compreensão da narração de suas experiências. E mais, essa mediação narrativa entrelaça em si tanto a narrativa histórica como a narrativa ficcional.

Vemos, então, que para Ricoeur (1994) conhecer o si-mesmo é acessado pelo contar, pelo narrar de sua história. Este narrar não pressupõe o conceito de apreensão de conhecimento objetivado, absoluto, em um tempo substancializado e linear, mas a obtenção do sentido constituído pelo sujeito em um tempo humanizado, isto é, da experiência humana.

> O mundo exibido por qualquer obra narrativa é sempre um mundo temporal. Ou, como será frequentemente repetido nesta obra: o tempo torna-se tempo humano na medida em que está articulado de modo narrativo: em compensação, a narrativa é significativa na medida em que esboça os traços da experiência temporal (Ricoeur, 1994, p. 15).

Assim, o autor conceitua a narrativa enquanto uma representação da ação humana e este narrar compreende uma narrativa histórica ou ficcional cheia de implicações temporais (de desejos e dramas) existindo sempre um entrecruzamento entre a história e a ficção no tempo fenomenológico.

> A interpretação que aqui proponho do caráter quase histórico da ficção confirma, evidentemente, a que proponho do caráter quase fictício do passado histórico. Se for verdade que uma das funções da ficção, misturada à história, é libertar retrospectivamente certas possibilidades não efetuadas no passado histórico, é graças a seu caráter quase histórico que a própria ficção pode exercer retrospectivamen-

> te a sua função libertadora. O quase passado da ficção torna-se assim o detector dos possíveis ocultos no passado efetivo. O que teria podido acontecer – o verossímil segundo Aristóteles – recobre ao mesmo tempo as potencialidades do passado "real" e os possíveis "irreais" da pura ficção (Ricoeur, 1997, tomo III, p. 331).

Ao costurar esses conceitos sobre a constituição de sentidos que surgem no entrelaçamento entre o tempo e a narrativa e, entre tempo humano e modos de experienciá-lo, Ricoeur, recorre ao conceito de tríplice mimese, que condiz a um caminho de percurso a ser tomado pelo ser na expressão de seus atos de compreensão e reflexão sobre o mundo e sobre si. Esse caminho possui um ponto de partida o qual denomina de representação da ação ou prefiguração; um ponto mediano denominado configuração; e um ponto de finalização o qual denominou refiguração. Ricoeur toma emprestado o termo (mimese) presente em Aristóteles quando este se referia à representação e a mimetização. Desse modo, define a narrativa como uma representação da ação ou imitação da ação (mimese *praxeos*).

Para melhor entendimento desses conceitos devemos nos deter, agora, a uma breve reflexão sobre o conceito de tríplice mimese encontrada em Ricoeur (1994 tomo I; 1995 tomo II; 1996 tomo III) com sua obra *Tempo e narrativa*. O autor discute e esclarece a ideia sobre o arco hermenêutico no interior do qual se constituem as interpretações e os seus desdobramentos que permeiam as experiências humanas. Segundo Ricoeur (1994, tomo I, p. 117) "[...] o círculo hermenêutico entre a narrativa e o tempo não cessa assim de renascer do círculo que os estágios de mimese formam".

A hipótese é de que a temporalidade humana, isto é, o tempo humano é permeado necessariamente pela linguagem e por símbolos e, consequentemente pelas interpretações do sujeito sobre o mundo e sobre o si-mesmo. Essas interpretações vão orientando as ações do sujeito e recortando-as de sentidos. Assim, a configuração e refiguração do tempo é dada pela efetuação da linguagem como discurso, ou seja, pela narrativa, obra de discurso na qual se inserem as interpretações. O homem se compreende pela narração de suas experiências, a narrativa para Ricoeur (1994) encontra-se como mediação para o homem humano compreender a si. Essa compreensão de si passa pelo que este autor chamou de arco hermenêutico, em que ocorrerá a compreensão de si de forma significativa.

Assim, a compreensão de si em seu caráter temporal se dá pela atividade narrativa que abarca o arco hermenêutico em seus três momentos, que advêm de um ponto primeiro, um segundo ponto e um último ou terceiro ponto. Ricoeur nomeou esse primeiro momento de prefiguração, (mimese I) quando o texto surge do mundo da ação, da experiência, do agir com os outros,

> Vê-se qual é, na sua riqueza, o sentido de mimese I: imitar ou representar a ação é primeiro, pré-compreender o que ocorre com o agir humano: com sua semântica, com sua simbólica, com sua temporalidade. É sobre essa pré-compreensão, comum ao poeta e a seu leitor, que se ergue à tessitura da intriga e, com ela, a mimética textual e literária (Ricoeur, 1994, p. 101).

O segundo momento, compreendido como configuração (mimese II), se estabelece enquanto um texto linguístico de um sentido próprio do autor que se tematiza. A narrativa surge como obra de discurso e todo discurso é para este autor compreendido como significação, como projeção de um mundo. Essa totalidade significante reúne os acontecimentos e faz uma mediação entre a pré-compreensão do sujeito com a pós-compreensão deste, graças ao ato reflexivo proporcionado pela configuração. Ricoeur (1994) assim nos expõe:

> Ora, essa função de mediação deriva do caráter dinâmico da operação de configuração que nos fez preferir o termo da tessitura da intriga ao de intriga e o de disposição ao de sistema. Todos os conceitos relativos a esse nível designam, com efeito, operações. Esse dinamismo consiste em que a intriga já exerce, no seu próprio campo textual, uma função de integração e, nesse sentido, de mediação, que lhe permite operar, fora desse próprio campo, uma mediação de maior amplitude entre a pré-compreensão e, se ouso dizer, a pós-compreensão da ordem da ação e de seus traços temporais (tomo I, p. 103).

O terceiro momento, chamado refiguração (mimese III), é o retorno do texto à vida do leitor que o interpreta, isto é, ao interpretar o texto o leitor apropria-se dele e faz uma nova configuração de seu próprio mundo e da noção que tem de si, de sua identidade. César (2002, p. 53) nos mostra que a identidade narrativa permite ao indivíduo responder à questão: "Quem sou eu? (*soi même comme autre*). E, deste modo, tornar-se reconhecível por suas ações, identificável por seu caráter. O indivíduo narrando sua vida, refigura suas experiências, sua existência, e, deste modo, dá-lhes um sentido".

Assim, a elaboração da experiência pessoal está atrelada ao círculo hermenêutico, à refiguração de uma experiência temporal que se dá no fechamento da totalidade do círculo hermenêutico, que foi iniciado pela prefiguração (mundo da ação) e posterior configuração (mundo do texto), leva o sujeito a retornar novamente ao mundo da ação, só que agora com uma nova interpretação, ou seja, com uma nova compreensão do mundo e de si, agora refigurado. Nesse caminho do círculo hermenêutico, que acontece em um processo temporal, o sujeito estará sempre se articulando em termos de prefiguração, configuração e refiguração. Portanto, o ser está sempre refigurando suas compreensões e abrindo sempre um novo horizonte interpretativo; desse modo, esse processo estará sempre em andamento. É desta perspectiva da qual o ser narrando sua vida, refigura suas experiências e constitui novos sentidos sobre a noção que tem de si e que Paul Ricoeur (1991) conceitua a identidade como um si-mesmo.

Ampliando toda essa noção de identidade narrativa, Ricoeur aponta que todo esse processo ocorre sempre com a presença do outro em nós. Essa presença do outro, seja por oposição ou por comparação é constitutiva deste si-mesmo. Esse outro se faz presente em todo esse processo de constituição identitária, não se tratando de um sujeito apenas em contato com outro sujeito, mas reconhecendo a questão da alteridade e da intersubjetividade como constitutivo de muitos sentidos, junto com esse outro, na constituição do processo identitário. Ricoeur (1991), em seu livro *O si Mesmo como um Outro*, demonstra que o outro não está apenas ao nosso lado, ele está também em nós.

Do ponto de vista conceitual para Ricoeur (1991) o outro faz parte da formação da identidade do sujeito. Segundo Andrade (2000), estudioso da obra deste autor,

> Se tomarmos o livro "Soi-même comme un autre" como um termo do percurso de Ricoeur, podemos perceber a sugestão de que o Si, depois de passar

> pelo desvio de ambas as análises, deverá ser encarado como um OUTRO, no duplo sentido de alguém que se transformou devido às peripécias de uma experiência, e de alguém que aprendeu a se pôr no lugar de outrem (p. 99).

Ricoeur (1991) afirma várias vezes em sua tese que esta dialética com seu outro é de fundamental importância na constituição da identidade do sujeito humano. Esse outro é ontologicamente constitutivo desse sujeito. O papel da injunção do outro na constituição da identidade do si-mesmo passa pela dialética com as figuras da alteridade. Isso quer dizer que a identidade deste sujeito não é uma "coisa" acabada, mas um ente em constante construção. A elaboração de Barash (2002), estudioso de Ricoeur, destaca esses conceitos de forma muita clara em que:

> Esboça-se a conclusão geral em direção à qual convergem os diferentes níveis de análises de Si mesmo como um outro: sublinhando com tanta insistência a relação dialética entre si-mesmo e o outro, Ricoeur interpreta o outro não somente em termos da alteridade, mas também como o outro permanece "como si-mesmo, de heterogeneidade". Se, através desta dialética, o si é despossuído de seu estatuto de fundamento, é para encarar a possibilidade de uma filosofia moral à qual a lei moral não pode se dar como a evidência uniforme de um *cogito,* mas de se recolher a partir de uma pluraridade de contextos [...] É neste sentido que o si-mesmo, podendo se colocar no lugar do outro, se confirma como a fonte de uma verdadeira norma da universalidade, requerida pela filosofia moral (p. 89).

Desse modo, estamos lidando com uma noção de sujeito muito diferente de portador de uma consciência pronta, de um cogito proveniente da universalidade da natureza. Ao contrário, temos em Ricoeur uma noção de um si-mesmo que só pode conhecer e se reconhecer pela alteridade, sua existência está implicada ao outro e por meio de múltiplas mediações da cultura, na qual está sempre se constituindo. No pensamento ricoeuriano, não há separação da relação entre sujeito e objeto, a constituição do si-mesmo está na trama de sentidos que vai se articulando entre os sujeitos. É no relacionar-se com os outros que o si-mesmo se abre a novos trabalhos interpretativos e vai se constituindo ao longo de suas vivências e experiências. Nas palavras de Critelli (1996) temos:

> A questão da possibilidade de uma existência própria e imprópria não é, neste momento, central ao nosso esforço de delinear o modo fenomênico a aparecer dos entes. O que importa, neste momento, é apenas deixar registrado que o olhar de que se constitui o movimento de manifestação dos entes é constituído pelos outros, é plural. Não porque o homem viva em sociedade, mas, originalmente, porque a ele é dado ser como coexistente, como si mesmo e como os outros simultaneamente, como igual e exclusivo. Sendo condição ontológica do homem, a coexistência (ou pluralidade) é condição originária, constituinte do compreender, da manifestação mesma dos entes em seu ser, daquilo que estamos enunciando como fenômeno e como movimento de fenomenização (p. 71).

Portanto, a constituição do si-mesmo se dá nesta teia de relações com os outros, a singularidade do ser é sempre uma consequência do outro nessa relação. Resulta, dessa compreensão, que o si-mesmo não nasce pronto e acabado, vai se fazendo. É uma construção e fruto que depende das relações que o sujeito estabelece com os outros. Concernente a este modo de pensar, Garrido (2002, p. 132) nos demonstra que "[...] temos a necessidade do outro e de sua mediação".

Nesse processo de constituição do si-mesmo vai se elaborando a pergunta pelo "quem?" e não pelo "o quê?". Dizer si-mesmo leva à alteridade, leva às cadeias de relações nas quais o ser vai se inserindo, tendo sempre o outro como aquele diante do qual dialeticamente vai se constituindo como um si-mesmo. Nesse constituir-se, enquanto processo, o ser vai se apropriando de sentidos para os outros e para ele mesmo. E, é ao caminhar, nesse processo de constituição de sentidos que irá se despontar um ser que necessita constantemente estar se interpretando.

Vivemos, então, em um emaranhado de interpretações, no qual nunca há só um dado puro, nunca chegamos a um fato, mas sempre a uma interpretação de um fato, a uma interpretação do si-mesmo. Esse desenrolar, segundo Garrido (2002, p. 134), "[...] leva-nos a reconhecer o outro como si-mesmo e o si-mesmo como um outro". Isto é, a história de nossas vidas é sempre construída em coautoria com outros em um contexto cultural específico. Então, para conhecer-se é necessário recorrer à interpretação a respeito de si próprio que se desponta pelo ato reflexivo. Esse modo de se reconhecer leva ao encontro e a apropriação de sentidos fundamentais na constituição identitária desse ser que vai se descobrindo no ato de narrar. Este narrar possibilita ao ser a possibilidade de apreensão e constituição de sentidos reconhecendo-os e apropriando-se deles. Esse é um trabalho reflexivo que está sempre em andamento.

A via escolhida por Ricoeur (1991) para compreensão da identidade desse si-mesmo que somos todos nós é a interpretação da própria narrativa que, para o autor, propicia ao sujeito a apropriação de si mediada pelo desenrolar da narrativa atrelada ao conceito do arco hermenêutico no interior do qual se constituem as interpretações e os seus desdobramentos que permeiam as experiências humanas.

13. O CONCEITO DE MESMIDADE E IPSEIDADE NA IDENTIDADE NARRATIVA

Nesse momento, já podemos nos dedicar a um dos conceitos mais elaborados sobre a constituição do processo identitário formulado por Ricoeur (1991). Para o autor, esse processo nos remete à compreensão de um si-mesmo que se compreende e se constitui o tempo todo pela via reflexiva. Nesse sentido, o autor nos remete a dois conceitos muito importantes que balizam a noção de identidade narrativa. Esses dois conceitos são nomeados de *mesmidade* e *ipseidade*. A formulação desses conceitos permite a esse autor situar o si-mesmo em relação ao que permanece e ao que muda na identidade pessoal ao longo do tempo.

Nesta vertente, o conceito de identidade narrativa formulada por Paul Ricoeur (1991) condensa em si grandes temas articulados ao longo de sua obra, tais como a constituição do "si" na relação sujeito-objeto-mundo (1991); da linguagem enquanto constituidora e constituinte de sentidos (1978); da temporalidade e historicidade (1994, 1995, 1997), da hermenêutica reflexiva (1976, 1978, 1988, 1991), da narrativa (1978, 1991, 1994, 1995, 1997) e da alteridade (1991).

Para Ricoeur (1991, p. 138) o conhecimento de si acontece pela função narrativa que possibilita ao sujeito um processo reflexivo e interpretativo (hermenêutica reflexiva), em que "[...] a compreensão de si é uma interpretação; a interpretação de si, por sua vez, encontra na narrativa, entre outros signos e símbolos, uma mediação privilegiada". E esse processo hermenêutico ocorre constantemente, abrindo caminhos de superação e transformação do sujeito, de um si-mesmo.

Nessa correlação, Ricoeur (1991, p. 138) conceitua a identidade narrativa como uma hermenêutica de si mesmo situada em sua temporalidade (experiência temporal humana). Ele investiga a temporalidade interna à nossa consciência, de tal forma que "[...] a identidade pessoal só pode precisamente se articular na dimensão temporal da existência humana".

Como vimos, o conceito de identidade narrativa não está atrelado a uma estrutura que se dá e se repete no tempo, mas sim a uma visão de acontecimento que se dá nesta dimensão temporal da existência humana, como vemos na obra *Tempo e narrativa* de Ricoeur (1994, tomo I, p. 85), o "[...] tempo torna-se tempo humano na medida em que é articulado de um modo narrativo, e que a narrativa atinge seu pleno significado quando se torna uma condição da existência temporal". A identidade narrativa, então, se configura como um processo dinâmico de configuração de sentidos, mediado pela linguagem, e remete-se às permanências no tempo do si-mesmo. Segundo Ricoeur (1991), a identidade narrativa se dá na dialética entre duas vertentes que não devem ser confundidas, as quais denominou de identidade-idem (mesmidade) e identidade--ipse (ipseidade).

A identidade é para Ricoeur (1991, p. 147) "[...] o que designa o conjunto de disposições duráveis com que reconhecemos uma pessoa [...] o caráter assegura ao mesmo tempo a identidade numérica, identidade qualitativa, a continuidade no tempo que definem a mesmidade". Vemos a mesmidade associada à ideia de idêntico em meio às mudanças do tempo, como um substrato que se mantém. Por sua vez, a identidade-ipse garante a permanência do sujeito no tempo sem qualquer substrato idêntico a si, isto é, segundo Ricoeur (1991, p. 143) "[...] a ipseidade do si implica uma forma de permanência no tempo que não seja redutível a determinação de um substrato". Desse modo, este autor, nos remete à permanência no tempo em relação à pergunta: "**Quem sou eu?**" Ligada à questão: "**Quem**?", e não à questão: "**O que sou eu?**". Assim, a identidade não está atrelada ao caráter de estrutura, mas de acontecimento; desse modo, a ipseidade liberta-se da mesmidade.

Nesta perspectiva, a identidade narrativa configura o sujeito na temporalidade sempre na dialética do idem e do ipse,

> É, portanto, na ordem da temporalidade que a mediação está à procura. Ora, é esse meio que, na minha opinião, vem ocupar a noção de identidade narrativa. Tendo-a assim situado nesse intervalo, não ficaremos surpresos em ver a identidade narrativa oscilar entre dois limites, um limite inferior, e que a permanência no tempo exprime a confusão do idem e do ipse, e um limite superior, em que o ipse coloca a questão de sua identidade sem a ajuda nem o apoio do idem (Ricoeur, 1991, p. 150).

A consciência do "si" é, portanto, a dialética entre idem e ipse e, nesse processo, a identidade narrativa conduz ao encontro reflexivo do "si" abrindo novos horizontes e novas maneiras desse ser perspectivar o mundo. Ricoeur (1978, p. 143) reforça que "[...]

a identidade narrativa é constitutiva da conceituação da identidade pessoal, à moda de uma mediação específica entre o polo de caráter, em que idem e ipse tendem a coincidir, e o polo de manutenção de si, em que a ipseidade liberta-se da mesmidade".

Este libertar-se do ipse do idem é que possibilita a ressituação e refiguração do "si" em uma dialética com a alteridade. Assim,

> A ligação dialética entre ipseidade e alteridade é mais fundamental que a articulação entre reflexão e análise, cuja atestação revela, entretanto, a entrada ontológica, e mesmo o contraste entre ipseidade e mesmidade, cuja noção de ser como ato e como potência marca a dimensão ontológica [...] a polissemia da ipseidade, a primeira observada, serve de algum modo como revelador com respeito à polissemia do Outro, que se opõe ao Mesmo, no sentido de si mesma (Ricoeur, 1978, p. 370-371).

Nessa perspectiva, a identidade narrativa não segue nenhum modo causal, mas é definida na correlação entre ação e personagem da narrativa (o narrar de sua própria história), resultante de uma dialética interna (entre mesmidade e ipseidade e; entre ipseidade e alteridade) atrelado à própria configuração entre o fazer e a ação da narrativa, desenrolando-se em uma refiguração do si-mesmo (orientando e dando sentido a este por meio de um arco hermenêutico formando uma unidade individual constituída pela linguagem e pelas compreensões que se inserem). Dessa maneira, a identidade narrativa, situada em sua historicidade, nos leva a um conceito de um si-mesmo reflexivo mediado pela linguagem em constante processo de constituição identitária. Ao longo desse processo, o ser sofre mudanças, se transforma em um outro que ao mesmo tempo é ele mesmo, mas, que também, agora, não é mais ele, é outro. E, esse processo identitário se costura com a injunção, a presença do outro, enquanto alteridade.

14. DISCUSSÃO E CONCLUSÃO A RESPEITO DO PROCESSO DA CONSTITUIÇÃO IDENTITÁRIA DOS HOMENS PAIS

Retomando o que já foi anteriormente mencionado, gostaria de destacar, neste capítulo, o que se mostrou, enquanto fenômeno, nas narrativas produzidas pelos homens pais. A discussão do processo identitário parte do pressuposto de Ricoeur (1991) a respeito do processo de conhecimento do si-mesmo que acontece pelo ato de narrar as suas histórias. Compreender-se é, para este estudo, um processo de reconhecer-se em uma polissemia de sentidos que se abrem como um processo de constituição de deciframentos do ser que se dá através de um pensar reflexivo mediado pelas suas narrativas:

> O homem se compreende pela narrativa, pela narração de suas experiências, porque apreende, assim, os acontecimentos como uma totalidade significativa. Mas, é considerando a própria ação do homem como um texto que se pode ler e decifrar, que Ricoeur amplia sua meditação, para definir uma ontologia do agir humano (Cesar, 2002, p. 51).

Nesse processo, o conceito de identidade narrativa costurado por Ricoeur (1991) em seu livro *O si mesmo como um outro* é identificável pela possibilidade de construções narrativas originadas pelo contato desses homens para consigo mesmos e para com outros homens do grupo, sempre norteados pela grande pergunta que orientou esse estudo em todos os encontros reflexivos: "Como é ser pai hoje em dia nessa sociedade?".

Pude encontrar nas narrativas elaboradas, nos encontros reflexivos, um processo de refiguração de experiências dos homens pais, dando-lhes assim, uma gama de sentidos que se abriram e se desvelaram em relação a este processo de constituição identitária. Em sua principal tese, Ricoeur (1991, p. 143), sobre a problemática da identidade pessoal, nos coloca que "[...] a polaridade que irei escrutar sugere uma intervenção da identidade narrativa na constituição da identidade da pessoa".

Os encontros reflexivos foram considerados não só um espaço que favoreceu a troca de experiências entre os homens pais do grupo, como um espaço que favoreceu a conversa entre os participantes fazendo surgir seus modos de agir no mundo social e, também, como um lugar que favoreceu a narração de práticas educativas. Portanto, os encontros reflexivos favoreceram o acesso às diversas narrativas dos homens pais participantes, que foram compreendidas com base em procedimentos da ontologia hermenêutica reflexiva de Paul Ricoeur (1978). Os sentidos evidenciados foram tomados como parte integrante fundamental para a compreensão do processo de constituição identitária desses homens.

A experiência pela qual cada pai, ali presente, vivenciou nos encontros grupais proporcionou um agir humano pautado pela experiência de configurar, pelas narrativas, suas experiências com seus filhos, levando-os a uma ativa reorganização de sentidos e a uma nova interpretação do si-mesmo no encontro com os outros homens pais presentes nos encontros reflexivos. Para Berger & Luckmann (2004, p. 15) "[...] o sentido nada mais é do que uma forma complexa de consciência: não existe em si, mas sempre possui um objeto de referência. Sentido é a consciência de que existe uma relação entre as experiências". Esses novos sentidos que advêm da reflexão voltada para si trouxe consigo um constante (des)velar-se de decifração de sentidos neste experienciar-se, proporcionando a cada pai participante uma nova compreensão do si-mesmo pela experiência do narrar-se. A configuração pela narração de suas experiências proporcionou um novo momento de significação, denominado refiguração de sua vida pela sua própria narrativa.

> Quando falamos da constituição do sentido na consciência do indivíduo, já ficou claro que não se podia tratar de um sujeito isolado, de uma mônada sem janela. A vida cotidiana está repleta de múltiplas sucessões de agir social, e é somente neste agir que se forma a identidade pessoal do indivíduo. Vivências puramente subjetivas são o fundamento da constituição do sentido: estratos mais simples de sentido podem surgir na experiência subjetiva de uma pessoa (Berger & Luckmann, 2004, p. 16).

Portanto, a experiência de narrar suas experiências, neste encontro grupal, levou esses homens a uma ativa reorganização e a uma reflexão dos sentidos de suas experiências para consigo mesmos, fundamentais como parte do processo de constituição identitária. Esta possibilidade de interpretação de si trouxe consigo um constante (des)velar de decifração de sentidos. Assim, a refiguração da ação humana se abriu para uma nova capacidade transformadora e criadora do si-mesmo.

Ricoeur (1991) propõe uma noção de identidade pessoal que está sempre em construção, compreendida enquanto um processo de transitoriedade. Nesse processo de transitoriedade, vivemos momentos de desconstrução e construção de sentidos relacionados à constituição identitária. O autor elabora uma noção de sujeito enquanto um si-mesmo constituindo-se identitariamente por suas experiências e ações do dia a dia, se autointerpretando continuamente, balizado pela sua capacidade reflexiva e sempre contextualizado em sua temporalidade e historicidade.

Nessa perspectiva, estamos sempre nos tornando, não há uma essência a ser descoberta em relação a nós mesmos, mas estamos tendo, a cada momento, uma experiência identitária que vai redesenhando o nosso modo de ser sempre que nos apropriamos de novas experiências geradoras de sentidos a respeito de nós mesmos.

Todo esse processo pode ser observado nos encontros grupais proporcionados aos homens pais. Os sentidos que foram sendo evidenciados nas narrativas desses homens foram agrupados em grandes constelações que apresentaram aproximações horizontais de sentidos entre os participantes e que foram compreendidas como parte do processo de constituição identitária. Esses sentidos surgem evidenciando conflitos e contradições a respeito das diversas formas de viver a paternidade no processo identitário.

Nesse momento, serão ressaltados paulatinamente os sentidos que evidenciaram conflitos e contradições que podem ser encontrados no processo hermenêutico das narrativas que se acham presentes nos capítulos IX, X, XI, XII e XIII. Iniciarei com as constelações a seguir: "Eu e o medo de perder o poder"; "Eu e meu pai e minha mãe"; "Eu e o não de meu pai que é mais firme do que o da minha mãe"; "Eu e meu filho e minha esposa"; "Eu, a dificuldade em dialogar com o filho a respeito de trabalho"; "Eu e a violência"; "Eu e o outro que configura ao homem a possibilidade da paternidade"; "Eu e meu pai"; "Eu e minha esposa"; "Eu e as diferentes estruturas familiares"; "Eu trabalhador e a minha família" e "Eu espaço privado e o espaço público".

Essas constelações evidenciam o coexistir de significações sociais e de sentidos pessoais que, muitas vezes, são muito contraditórios a respeito do que é ser homem pai, especificamente ligados a suas práticas educativas. Os valores, os modelos, as normas e os ideais construídos e veiculados pelo contexto social em que estão inseridos, isto é, os modos já estabelecidos pela sociedade do que é ser pai, estão gerando reações conflituosas, incongruentes e contraditórias para eles, pois os sentidos gerados pelas suas próprias experiências vividas com os seus filhos não estão concernentes aos ideais esperados pela sociedade. Há uma discrepância entre o que a sociedade prega e o que eles têm como experiência. Desta constatação vemos que:

> Se os membros de certa comunidade de vida acham inquestionáveis as concordâncias de sentido que se esperam deles, mas não conseguem cumpri-las, então temos as condições do surgimento de uma crise de sentido. Como já foi dito, esta discrepância entre o "ser" e o "dever ser" se manifesta com especial frequência quando os ideais de uma comunidade de vida insistem que ela deveria ser uma comunidade absoluta de sentido (Berger & Luckmann, 2004, p. 31).

Os sentidos levantados em suas narrativas apontam para essas discrepâncias entre o "ser" e o que "devo ser", desse modo, essas incongruências de sentidos despertam avaliações e reflexões voltadas a si mesmo, que fazem parte da constituição de contradições identitárias experienciadas por esses pais. Isto é, os homens participantes da pesquisa, interagem e coexistem com diversas formas de viver o processo da paternidade em suas práticas educativas.

Os modos conflituosos e contraditórios podem ser constatados nas análises de sentidos que foram realizadas a partir das constelações evidenciadas. Podemos destacar, entre outros: as contradições em relação às estruturas familiares que se formam a partir de necessidades cotidianas que os obrigam a romper com os modelos mais tradicionais e ideais de família; em relação aos modos de se compreender bom ou mau pai que os deixam muito confusos; em relação a se devem ou não bater nos filhos, o que lhes causa muita dúvida e apreensão; em relação a um modo autoritário ou a um modo dialógico de se relacionar com os filhos, pois não sabem como agir e utilizam como resolução modos prescritivos, afastados da própria experiência com o filho; em relação aos modos de como agir com a esposa que assume um papel muito importante na estrutura familiar; em relação à educação que tiveram de seus próprios pais e a educação que podem dar aos seus filhos; em relação às suas investidas na esfera particular com suas famílias e na esfera pública; em relação ao lugar que ocupam na esfera familiar e em relação ao seu trabalho que, muitas vezes, os afastam de seus filhos e lhes causam muito sofrimento, mas que, por outro lado, os concede um lugar de dignidade na sociedade.

Assim podemos inferir que tais práticas levam esses pais a experienciar contradições identitárias. Dessa forma, a identidade pessoal de cada homem ali presente pode estar sendo constituída em meio a uma crise identitária, isto é, vivem experiências de dúvida e incertezas em relação ao: "quem eu sou?", "como eu sou com os outros?" e "estou certo ou errado em minhas ações com meus filhos?".

Continuando o processo de discussão, essas contradições, também são evidenciadas nas constelações que se referem a esses homens quando relacionados às figuras de alteridade. Podemos apontar aqui, nessa pesquisa, as constelações que enfatizam a alteridade na constituição da paternidade desses homens pais: "Eu meu pai e minha mãe"; "Eu meu filho e minha esposa"; "Eu e os outros homens dos encontros reflexivos"; "Eu e meu pai"; "Eu meu pai e meu filho"; "Eu e o outro que configura ao homem a possibilidade da paternidade"; "Eu e meu pai"; "Eu e minha esposa". Podemos enfatizar a mulher que abre caminhos para o homem surgir enquanto pai; o filho, que ao nascer e ao nomear o pai de "papai", lhe convoca a essa constituição de paternidade; a identificação positiva ou negativa com seus próprios pais na percepção de que agora são eles quem são pais e quem constituem outros modos de cuidar de seus próprios filhos.

As experiências que tiveram com seus próprios pais, na infância e os modos como foram criados estão gerando dificuldades de discernimento em relação a suas práticas educativas e isto tem gerado contradições e antíteses diante das exigências que encaram na relação com seus próprios filhos.

Ao tentar responder à questão: "Quem eu sou no cuidar dos meus filhos?", os homens pais estão rumando ao caminho de uma nova compreensão de si mesmo fundamental no processo identitário. O ato de reconhecer-se está atrelado à injunção relacional que se dá em meio a trocas intersubjetivas que acontecem com os outros que fazem parte de suas vidas, entre eles, sua esposa, seu filho, seu trabalho, seu amigo e também os outros homens do grupo reflexivo.

Ricoeur (1991) sublinha diversas vezes o papel do outro enquanto alteridade, na constituição identitária do ser. O outro é constitutivo da identidade pessoal do si-mesmo. Em suas palavras:

> A alteridade do outro é estritamente soldada às modalidades de passividade que a hermenêutica fenomenológica do si cruzou ao longo dos estudos precedentes quanto à relação do si com o diverso do si. Uma nova dialética do mesmo e do outro é suscitada por essa hermenêutica que de múltiplas maneiras confirma que aqui o outro não é somente a contrapartida do mesmo, mas pertence à constituição íntima de seu sentido. No plano propriamente fenomenológico, com efeito, as maneiras múltiplas cujo diverso de si afeta a compreensão de si por si marcam previamente a diferença entre o ego que se coloca e o si que apenas se reconhece através dessas afeições mesmas (p. 383).

Essa ampliação de horizontes a respeito da reflexão, da questão da identidade, nos ajuda a compreender como a injunção do outro é elemento fundamental enquanto alteridade na constituição do si-mesmo. Portanto, as relações que esses homens estabelecem com os outros fazem parte do processo constitucional das contradições na constituição da identidade pessoal de cada um deles. As experiências de contradição entre os significados socialmente construídos e os sentidos gerados na relação intersubjetiva com os outros, em seu convívio no dia a dia, são evidenciadas nas narrativas em relação as suas práticas educativas para com seus filhos. Essa crise parece estar relacionada aos modos do agir social que é esperado deles (enquanto homem pai), em contradição aos modos experienciados, por eles, no viver com seus filhos, esposa, amigos, escola, comunidade e outros de sua relação. Podemos, então, apontar que está ocorrendo um processo de desconstrução e construção de uma identidade multifacetada no constituir o homem pai.

Evidenciamos ainda, em relação à alteridade, na experiência de imposição de limites experienciada com seus próprios pais, sentidos que visam a manutenção de atitudes que estabeleceram um lugar, para eles, de inflexibilidade e de impossibilidade de mudança em relação às atitudes autoritárias. O sentimento de impotência diante da perda de controle dos filhos leva estes pais a utilizar o "não". Ao mesmo tempo, aparecem contradições e conflitos em relação a essas práticas educativas que impõe limites, pois, o dizer "não" vai de encontro à outra forma de desejo menos impositiva que também está presente em relação aos filhos. Assim surge a contradição e o conflito.

As constelações: "Eu e o não do pai que é mais firme que o da mãe"; "Eu a proteção, a orientação e a limitação"; "Eu meu pai e minha mãe"; "Eu e o medo de perder o poder" evidenciam práticas educativas que valorizaram a obediência, o controle e a submissão à autoridade dos pais. Ao mesmo tempo, há um questionamento a essas atitudes, o que parece abalar a maneira pela qual foram educados e tratados por seus próprios pais. A adesão ao respeito à autoridade parece se confirmar, muitas vezes, por estar associada às relações educativas intrafamiliares que vivenciaram quando crianças. Entendemos essas práticas concretizadas em ações como fundamentais para a constituição identitária desses homens. São pais que falam "não", mas sofrem ao fazê-lo. O uso do "não" visa a manutenção de um lugar de poder sobre a família. Lugar de imposição de regras, limites e correções. O uso do "não" por esses homens pais institui uma compreensão e uma interpretação de si voltada para um modo de ser que denota um lugar específico na estrutura familiar, de imposição de limites, que é constituinte de sua identidade pessoal.

Também podemos notar nas constelações: "Eu e a violência"; "Eu e meu pai"; "Eu e o diálogo possível" que o papel e a regra ao respeito aos pais apareceram vinculados à autoridade. A criança, ao fazer birra, quebra esta regra e expõe o pai a uma dúvida quanto ao seu papel relacionado à autoridade. O pai surge com o dever de conter a birra da criança para evitar o seu descontrole. A birra deixa o pai exposto a sua impotência e fragilidade frente ao desconhecido e, o bater surge como solução para impor o seu desejo e conter o filho; surge como o modo de o pai de preservar seu lugar de autoridade. A perda da autoridade é interpretada como ameaça ao seu lugar de poder e para preservá-la muitas vezes usa da violência.

Em relação à constituição identitária, alguns homens pais se compreendem corretos e firmes na prática violenta. Não está havendo a compreensão da existência de um bom caráter para o filho sem a punição. Eles precisam bater para preservar o bom caráter do filho e, assim, afirmar que estão sendo bons pais. Aceitar um discurso diferente é ameaçador para a própria identidade. Ao baterem no filho, reafirmam para eles mesmos que tiveram um bom pai (pois apanharam quando pequenos) e, ao baterem, também reafirmam que são homens pais bons: se não bater posso impedir meu filho de ter um caráter honesto e perco a identidade de pai responsável. Podemos notar como esse processo identitário é histórico, ao se dar na troca com o outro, das figuras de alteridade, representando para cada pai participante uma constituição de sentido próprio ancorado na própria experiência.

Em relação ao diálogo, as constelações: "Eu e o bater e o diálogo"; "Eu e a violência"; "Eu e o diálogo possível"; "Eu e a dificuldade em dialogar com o filho a respeito de trabalho"; "Eu e o diálogo" apontam para algumas narrativas de alguns homens pais com sentidos negativos na experiência do dialogar com os seus filhos. Quando o diálogo aparece, está impregnado pelo sentido de persuadir o filho ao seu desejo, do que para uma abertura, uma práxis dialógica com o filho. Não observamos a escuta e nem respeito perante as necessidades e os desejos dos filhos; o processo de emancipação do filho, nesse tipo de relação, fica muito limitado. Na maior parte das vezes, o diálogo foi compreendido e explicitado nas narrativas dos homens pais por modos prescritivos de estar com os filhos, ausentes de qualquer experiência com relações realmente vividas com seus próprios filhos. A narrativa prescritiva traz uma receita pronta, que não parte da experiência relacional deles para com os filhos.

Em relação ao processo identitário, essa ausência de uma postura dialógica de estar com os filhos propicia que esses homens se compreendam identitariamente sem a percepção de um outro diferente deles, sem a percepção de um outro que deseja e pensa diferente deles. Desse modo, todo saber pertence a eles, impossibilitando a escuta e a percepção das urgências e necessidades dos filhos, e impossibilitando-os a percorrer caminhos de emancipação. Há o constituir-se de um si-mesmo na prática autoritária[1].

Já em relação às constelações que surgiram com referência ao trabalho: "Eu trabalhador"; "Eu o trabalho e a falta de tempo para os filhos"; "Eu, o meu filho e minha esposa"; "Eu e a dificuldade em dialogar com o filho a respeito do trabalho"; "Eu trabalhador e minha família" evidenciamos nas narrativas produzidas que as cons-

[1] Nesta obra, compreendemos o diálogo referenciado à proposta dialógica de Paulo Freire (1970).

telações a respeito do trabalho assumem extrema importância no processo identitário. Esses homens se compreendem positivamente quando estão trabalhando, mesmo que a carga de horário dedicada ao trabalho seja excessiva e os impeça de ver a família.

O trabalho carrega o sentido de dignificar o homem e de lhe fornecer um lugar positivo na paternidade. O trabalho é constituidor do universo masculino e refere um papel visceral no caráter do homem. O sentido da paternidade provedora está diretamente ligado à dignificação que o trabalho proporciona ao homem. Para eles um homem pai sem trabalho carrega uma carga enorme de sentidos negativos; já um homem pai que trabalha carrega uma gama de sentidos positivos na constituição do si-mesmo.

Emergiram também das narrativas dos participantes diversas experiências relacionadas ao o que é ser pai e qual o lugar do pai na família, que podem ser observadas nas constelações: "Eu meu pai e meu filho"; "Eu e o outro que configura ao homem a possibilidade da paternidade"; "Eu e o meu pai"; "Eu e minha esposa"; "Eu, o espaço privado e o espaço público"; "Eu e as diferentes estruturas familiares". Podemos apontar que o exercício da paternidade abrange tanto o universo da vida particular, experienciado dentro do seu lar, como no universo das relações da vida pública, pautado pelas atividades exercidas na comunidade. A importância das relações intersubjetivas aparece como fundamental na constituição identitária desses homens. Suas ações se concretizam em relação às figuras de alteridade, que são constituídas tanto pela esposa, pelos filhos, pelos próprios pais, pelo tipo da estrutura familiar em que vive, pelos colegas de trabalho, com a comunidade, com o trabalho e também com o Estado.

As figuras da alteridade surgem como injunção primordial na constituição dos sentidos de atestação do que é ser homem pai.

Portanto, podemos atestar que o si-mesmo se constitui na intersubjetividade e as ações com os outros revelam modos de compreensão de si que são fundamentais para a constituição identitária. A paternidade é então compreendida enquanto um processo em construção, de troca de experiências com as figuras da alteridade e não como um dado já pronto e acabado. A paternidade, nesta obra, foi perspectivada enquanto um fenômeno e, conforme Ricoeur (1991, p. 138), compreende "[...] articulada na dimensão temporal da existência humana, vinculada a ideia de acontecimento, confirmando o caráter relacional da constituição do si-mesmo".

Ao finalizar a discussão a respeito do processo identitário, o conceito de tríplice mimese se abre novamente enquanto ato de criação, agora especificamente para mim, sujeito pesquisador, ativo, desse fenômeno. O fechamento do arco hermenêutico proposto por Ricoeur (1991) agora parece estar finalizando comigo, sujeito pesquisador. Do mundo da ação (da pesquisa) passei ao mundo do texto, neste caso (as minhas narrativas). Ao passar pelas minhas narrativas, retornei ao mundo da ação e de desvelamentos de sentidos para mim nesta experiência de pesquisa com esses homens (da criação) e, agora, com uma nova compreensão que se abre e que Ricoeur chama de refiguração de minha experiência temporal. Nesse momento de refiguração ancorado no processo de narração de minha experiência vivida nessa pesquisa, encontrei uma via privilegiada para compreender-me. Com isso, a identidade narrativa abriu caminhos reflexivos, para uma hermenêutica do si-mesmo tanto para os homens participantes, como para mim, pesquisador.

A partir desta perspectiva, minhas atividades profissionais, sejam de pesquisa ou de ensino superior, sejam de atendimentos clínicos ou como supervisor, estão voltadas, agora, para compreensão de sentidos e não mais para a fixação de regras e conceitos estanques, categóricos e definidos. Em minha atividade como supervisor tenho me empenhado ao máximo em buscar com os meus alunos um novo modo de apreensão do fenômeno caracterizado pela compreensão da narrativa do paciente, que se configuram nos encontros com o terapeuta. A postura do terapeuta tem sido pautada pela evidenciação de sentidos constituídos no encontro terapêutico. Desse modo, é favorecida a constituição de um terreno que possibilita a abertura para uma postura hermenêutica reflexiva que não se fecha enquanto uma verdade nem para o paciente, nem para o terapeuta e tampouco para mim como supervisor na clínica da escola, mas, ao contrário, as interpretações são sempre reconhecidas, por todos implicados no processo, por seu alcance limitado, não se fechando e nem se reduzindo a uma verdade ou a uma explicação teórica.

Tenho evitado o reducionismo, fruto das reconhecidas formulações teóricas nas quais me debrucei ao longo de anos de experiência profissional, e tenho reconhecido o alcance limitado das teorias, o que tem tornado minha atividade mais produtiva e menos reprodutiva. Ao mesmo tempo, nesse processo de transformação sou tomado por um certo desconforto, não só na instituição na qual dedico minhas atividades acadêmicas, mas também no meio em geral relacionado às pesquisas em psicologia, pois há uma exigência institucionalizada, nas apresentações de trabalhos científicos que forçam a inclinação novamente a uma forma de perspectivar, as coisas do mundo, por uma ótica teórica, marcada pelo modelo metafísico de buscar uma causalidade objetivada, ou seja, uma explicação de causa e efeito. Parece que estamos assentados em uma sociedade que ainda pensa metafisicamente, buscando uma verdade objetivada e definitiva. Talvez, por isso, tenha sido muito fácil para mim a incorporação de um modo hermenêutico reflexivo em minha trajetória acadêmica, pois estou agora evidenciando e buscando, pelo trabalho da reflexão, uma verdade hermenêutica que nunca é definitiva e acabada, mas está sempre em processo de constituição.

Assim, evidencio neste meu trabalho hermenêutico uma possibilidade, uma especificidade, um âmbito próprio, um ponto de vista sempre limitado e que se abre a novos trabalhos interpretativos e, portanto, a novas hermenêuticas do si-mesmo.

Encerro este capítulo com mais uma poesia de Carlos Drummond de Andrade que, em minha compreensão, dá sentido a esta longa trajetória hermenêutica a respeito da identidade narrativa.

14.1. O OUTRO

CARLOS DRUMMOND DE ANDRADE

Como decifrar pictogramas de há dez mil anos
Se nem sei decifrar
Minha escrita interior?

Interrogo signos dúbios
e suas variações calidoscópicas
a cada segundo de observação.

A verdade essencial
é o desconhecido que me habita
e a cada amanhecer me dá um soco.

Por ele sou também observado
com ironia, desprezo, incompreensão.
E assim vivemos, se ao confronto se chama viver,
unidos, impossibilitados de desligamento,
acomodados, adversos,
roídos de infernal curiosidade. (Andrade, 1988, p. 29)

CONSIDERAÇÕES FINAIS

Quando iniciei esta pesquisa de doutorado, inúmeras interrogações habitavam meus pensamentos. Essas inquietações, nas quais eu estava envolvido, foram geradoras de motivação para que eu pudesse continuar minha atividade profissional e minhas reflexões a respeito do mundo em que nos encontramos e que habitamos. Esses caminhos percorridos fizeram não só o emergir do encontro com as variantes do modelo fenomenológico, como também a consolidação desse modelo de pesquisa. E especialmente o encontro com sua vertente francesa cunhada, neste trabalho, pelo pensamento empreendido por Paul Ricoeur (1991) em relação a sua compreensão a respeito da constituição identitária.

Esse modo de compreender a constituição da identidade prescinde da necessidade de um encadeamento de hipóteses explicativas sobre a constituição de um "eu" como condição da naturalização da consciência (*ego-cogito*) e prioriza como essência uma dimensão identitária o "si" que não se reduz ao conceito de Ego, mas de uma identidade que está sempre em constituição, se superando pelo ato reflexivo, que se revela compreensível, alargando a compreensão de um si-mesmo pela narração de suas experiências e pelos caminhos de abertura para o mundo. Ricoeur (1991) demonstra em sua tese que a narração de si representa uma via privilegiada que irá cunhar, pelo exame reflexivo, novos caminhos interpretativos de um "si" que se autocompreende a todo o momento.

Esse novo ponto de vista, que se abriu para mim como uma nova maneira de perspectivar o ser humano, me possibilitou estar agora, imerso em um olhar não mais explicativo sobre o ser, mas voltado a um modo compreensivo, a um processo hermenêutico reflexivo, isto é, de interpretação incessante dos fenômenos que se apresentam e que sempre nos levam a novos caminhos interpretativos. Desse modo, paulatinamente as luzes em direção a objetividade, naturalização, categorização e a explicação causal dos acontecimentos com o ser humano foram se apagando e, por outro lado, foi sendo iluminado o fenômeno (o que se mostra) enquanto ponto de partida repleto de possibilidades de sentidos e evidenciando novos caminhos interpretativos em busca de "ir à coisa mesma".

Dessa maneira, toda forma de pensar a minha atuação profissional, foi sofrendo uma transformação. O modo de estar em sala de aula, enquanto professor, a forma de pensar minha atividade clínica, seja como supervisor na academia ou na esfera particular do consultório, passaram e, ainda, estão passando por profundas transformações. Não há como pensar um fim para essas reflexões e nem como pensar uma compreensão final para este processo, que por ser processo, se abre sempre a uma nova compreensão.

Creio que esta pesquisa a respeito do processo identitário, sem pretender ser uma pesquisa completa a respeito do tema buscado, teve muita relevância não só para mim, mas também para a esfera social, pois, ao se tratar de uma pesquisa interventiva, propõe uma ação reflexiva e transformadora dos sujeitos que dela participaram. Esta pesquisa estimulou e aproximou os homens pais que se reuniam para os encontros com o intuito de que participassem de um espaço onde pudessem falar a respeito de suas práticas educativas, de seus modos de agir na família e no trabalho, sobre seus receios, sobre seus medos e contradições, enfim, a respeito de seus modos de ser.

O encontro entre esses homens pais, despertou sentimentos, avaliações, identificações e interpretações a respeito de si próprios e dos outros. Esses homens puderam pensar em suas atividades do dia a dia, em seus modos de trabalhar e de relacionar-se com a família. Foi constatado, por exemplo, em outro grupo de pesquisa do qual só participam as esposas desses homens, que a fala de uma delas ressaltava o quanto seu marido havia mudado em relação aos filhos e a ela desde que começou a frequentar alguns encontros. Esses grupos de encontro foram facilitadores de uma ação reflexiva que pode ser fundamental em relação ao modo desses homens se constituírem identitariamente.

Com relação às contribuições para a psicologia, por se tratar de um modelo de pesquisa qualitativa de base fenomenológica, esta pesquisa contribui para as áreas da psicologia que se voltam, principalmente, à educação e à psicologia clínica, uma vez que constrói conhecimentos a respeito de como o ser humano se constitui identitariamente. Este estudo chama para a reflexão e para o diálogo estudantes de psicologia e psicólogos já formados que, em sua maioria, se debruçam demasiadamente em teorias que acabam confirmando o que o próprio pesquisador foi buscar, apenas reproduzindo conhecimento e não gerando abertura para construção de novas compreensões das coisas desse mundo. Foi pretendido com este trabalho de pesquisa o contrário: aspirou-se iluminar um caminho possível de pesquisa que possibilite um novo olhar que não estabeleça uma distinção entre sujeito e objeto, mas que supere esse dualismo unindo o sujeito que conhece ao objeto que é conhecido. Que possamos, então, deixar de nos dedicarmos apenas às teorias e aos modelos descritivos do fenômeno, e passemos a nos dedicar a uma psicologia fenomenológica transcendental que permite o desenvolver de novos caminhos e conhecimentos a respeito das coisas desse mundo.

Dessa forma, essa pesquisa contribui com conhecimentos coerentes, consistentes em sua base epistemológica e visa, também, a reflexão dos leitores e principalmente dos psicólogos em relação não apenas à maneira de fazer pesquisa, mas também em relação ao modo de olhar como se constitui a identidade do ser humano. Constato, em minha atividade acadêmica de supervisor clínico na universidade, como os alunos solicitam uma resposta categórica, objetivada do que acontece com seus pacientes na clínica escolar. Os alunos são tomados de muita ansiedade em explicar, diagnosticar e categorizar o paciente rapidamente, sem, ao menos, muitas vezes, sequer inclinar-se a ouvir o paciente.

O mesmo acontece no campo da psicologia da educação, os alunos buscam logo diagnosticar e buscar o problema no aluno, categorizando, objetivando, cristalizando e, dessa forma, reduzindo única e exclusivamente o sujeito a uma teoria do desenvolvimento ou da personalidade. Esse modo de pensar o sujeito atrelado às teorias que de antemão já realizam um recorte da realidade e perspectivam o fenômeno cresce cada vez mais na academia. Toma cada vez mais espaço entre os alunos e os psicólogos que atuam na profissão, a explicação e a objetivação dos fenômenos do mundo que se apresentam. Presentifica-se, cada vez mais, os pensares metafísicos, buscando-se para o fenômeno, uma explicação de causa e efeito, sem exercitar-se ao diálogo ou à escuta do outro. Com isso, esgotam-se e reduzem-se as possibilidades de reflexão e abertura ao fenômeno, e acabamos apenas confirmando um ponto de vista teórico como uma verdade já pronta a ser revelada, como se o conhecimento teórico se esgotasse em si mesmo abraçando a totalidade da realidade a partir de uma perspectiva.

Na academia, esse modelo se perpetua rapidamente, tanto os professores como os alunos ficam engessados em um modo de visar o mundo. Não há liberdade, não há reflexão, não há campo para diálogo, não há modos de se reconhecer. O professor já estabelece um lugar explicativo para o aluno, desse modo, não é possível confrontar diferentes interpretações da realidade. Assim, não há liberdade, logo não há construção de saberes. Como bem diz Demo (2004):

> A qualidade da pesquisa depende muito da qualidade epistemológica da discussão. Quem não questiona o conhecimento faz qualquer conhecimento. Ou, como se diz: quem não sabe pensar, acredita no que pensa; quem sabe pensar, questiona o que pensa (p. 32).

Em última análise, devido à série de questionamentos que me venho fazendo, comecei a pensar a respeito de como a liberdade é importante para a geração de novas indagações e novas interrogações. Recordo-me do tempo em que era estudante e, ao pesquisar alunos, da escola pública, com problemas de aprendizagem na clínica da USP fui levado pela academia a deixar de pensar por mim mesmo a respeito do que se mostrava enquanto fenômeno, e fui praticamente levado a me debruçar em referenciais teóricos que já me mostravam caminhos explicativos sobre o que eu encontraria em minha pesquisa de iniciação científica. Toda a estrutura acadêmica e os modos já delineados de como se fazer uma pesquisa para ser aprovada para uma bolsa de estudo balizou os caminhos que foram seguidos. Percebo hoje que esses caminhos percorridos não possibilitaram liberdade de se produzir conhecimento; foi vedado, desse modo, o acesso à reflexão tanto para mim, pesquisador, como para o sujeito pesquisado.

A reflexão a respeito da necessidade da liberdade para se produzir conhecimento em ciências humanas passou a tomar um tempo grande em minha atividade profissional. A liberdade, para mim, está atrelada à possibilidade de reflexão. Nenhuma mudança é possível sem a possibilidade da via reflexiva. Modos de pesquisar que se fecham a essa possibilidade estarão fadados a apenas reproduzir e não a produzir conhecimento. Talvez, a possibilidade de exercermos a liberdade esteja em não tomarmos um único ponto de vista como verdade, como correto e definitivo de ver o mundo. Provavelmente, os caminhos da reflexão, da compreensão, da interpretação compartilhados pelas diversas formas do conhecimento fenomenológico possam abrir novas portas e transitar pelo conhecimento ensejado enquanto transitoriedade.

Assim, a liberdade estaria pautada pela retomada reflexiva de nossas ações sendo perspectivada também como um processo, isto é, um processo de libertação. Para Ricoeur (1991), estamos constantemente nos interpretando, elaborando uma compreensão de nós mesmos e refletindo acerca de nós e do mundo. Como não há uma apreensão definitiva a respeito desse si-mesmo, o ser estará sempre aberto para novas compreensões e possibilidades de vir-a-ser. Nesta perspectiva, compreendendo a constituição identitária enquanto processo reflexivo em constituição, isto é, enquanto processo hermenêutico do si-mesmo, estamos diante de um sujeito que ao exercer a compreensão de si, estará exercendo um ato de liberdade.

Voltamos então o olhar para um ser existencial que se descobre como um si-mesmo, que tem uma história, um percurso e um processo de se constituir que se dá nas relações intersubjetivas ao longo de sua vida, e não apenas como uma entidade ou coisa já pronta e acabada que tem que ser descoberta por alguém fora de nós mesmos.

Essa forma de se compreender o sujeito abre a possibilidade da liberdade enquanto um exercício possível para o ser humano. Nós podemos exercer um ato de liberdade para nós e, também, para com os outros sujeitos humanos que estão interagindo conosco se, reconhecendo-nos históricos e limitados, pudermos abrir o olhar para os diversos níveis de interpretação em relação a um fenômeno, sem eleger um desses olhares como a verdade para nós e para os outros que compartilham de nossas vidas.

Os encontros reflexivos foram compreendidos, nesse trabalho de pesquisa, enquanto um lugar que possibilita um exercício do processo de libertação, pois proporcionam um agir humano pautado pela experiência de configurar, por meio das narrativas, suas experiências nas relações intersubjetivas. Nesse ponto, é compreendido como um espaço de reorganização de sentidos ativa e de interpretação do s". Temos, ao mesmo tempo, um espaço gerador de atos individuais e coletivos caracterizado pelo exercício da transformação e da liberdade.

Em conclusão, a criação de espaços de encontros grupais proporciona aos sujeitos, além da possibilidade de narrar suas experiências e suas histórias, uma reorganização ativa, uma contínua interpretação de si mesmo e dos sentidos de suas experiências para consigo mesmos, fundamentais como parte do processo de constituição identitária. Desse modo, é considerado um lugar de encontro, compreendido como facilitador de um processo de libertação.

Nesses encontros, fica claro que a paternidade não é um fenômeno natural do homem, de sua natureza, mas é um fenômeno em constante constituição, um processo que se dá na intersubjetividade e na alteridade (ser-para-outro) que deve ser compreendido em sua temporalidade e contextualizado historicamente. Os encontros reflexivos enfatizam a influência mútua entre os participantes, valorizando as experiências individuais, abrindo espaço para os modos de ser, respeitando e proporcionando avaliações e interpretações sobre si mesmo e sobre os outros. É um espaço para reflexão e, portanto, para transformação e libertação de modos de ser. É um espaço que comporta não só a construção de saberes, como momentos fundamentais de constituição identitária.

Creio que atingi meus objetivos e aprendi muito com este trabalho e, encerro com uma última poesia de Carlos Drummond de Andrade que evidencia de uma forma poética a especificidade de minha tese de doutorado (que deu origem a este livro) que não se fechou em uma teoria a respeito da constituição identitária dos homens pais pesquisados, mas se abriu para a elucidação de aspectos da constituição do si-mesmo. Nesse trajeto não há final, visto que, compreendeu-se a hermenêutica reflexiva enquanto um trabalho sempre em andamento.

LAGOA

CARLOS DRUMMOND DE ANDRADE

Eu não vi o mar.
Não sei se o mar é bonito,

não sei se ele é bravo.
O mar não me importa.

Eu vi a lagoa.
A lagoa, sim.
A lagoa é grande
e calma também.

Na chuva de cores
da tarde que explode
a lagoa brilha
a lagoa se pinta
de todas as cores.
Eu não vi o mar.
Eu vi a lagoa...

REFERÊNCIAS

Almeida, A. F. F. & Hardy, E. (2007). Vulnerabilidade de gênero para a paternidade em homens adolescentes. *Rev. Saúde Pública* [on-line]. 41[4], 565-572.

Andrade, C. D. (1998). *Corpo.* Rio de Janeiro: Ed. Record.

______. (2000). *Sentimento do mundo.* Rio de Janeiro: Ed. Record.

Ariès, P. (1992). *História da vida privada,* São Paulo: Companhia das letras.

______. (1978). *História social da criança e da família*, Rio de Janeiro: LTC.

Barash, J. A. (2002). A filosofia moral de Paul Ricoeur. In *A hermenêutica francesa: Paul Ricoeur*. Porto Alegre: EDIPUC-RS, Coleção Filosofia.

Barreiros, G. F. (1997). *A criança portadora de deficiência mental: sua representação social por professores de classe especial.* Tese de Mestrado, PUC-SP, São Paulo.

Bello, A. A. (2000). *A fenomenologia do ser humano.* Bauru, SP: Educ.

______. (2004). *Fenomenologia e ciências humanas.* Bauru, SP: Edusc.

Berger, P. L. & Luckamann, T. (1976). *A construção social da realidade.* Petrópolis, RJ: Vozes.

______. (2004). *Modernidade, pluralismo e crise de sentidos.* Petrópolis, RJ: Vozes.

Bicudo, M. A. V. (1990). Notas sobre o Seminário realizado pelo professor Amadeo Giorgi: Fenomenologia e a Pesquisa Qualitativa em Psicologia. In *Cadernos da Sociedade de Estudos e Pesquisa Qualitativos, 1*(1), São Paulo.

______. (1999). A contribuição da fenomenologia à educação In *Fenomenologia uma visão abrangente da educação.* São Paulo: Ed. Olho de água.

______. (2000). *Fenomenologia confrontos e avanços.* São Paulo: Cortez.

Bruner, J. (1997). *Atos de significação.* Porto Alegre: Ed. Artes Médicas.

Bruns, M. A. T. (2003). A redução fenomenológica em Husserl e a possibilidade de superar impasses da dicotomia subjetividade-objetividade In M. A. T. Bruns & A. F. Holanda. (Orgs.). *Psicologia e fenomenologia: reflexão e perspectivas.* Campinas, SP: Alínea.

Bruns, M. A. T. & Trindade, E. (2003). Metodologia fenomenológica: a contribuição da ontologia hermenêutica de Martin Heidegger. In M. A. T Bruns & A. F Holanda (Orgs.). *Psicologia e fenomenologia: reflexão e perspectivas*, Campinas, SP: Alínea.

______. (1999). *Adolescentes e paternidade: um estudo fenomenológico.* Ribeirão Preto, SP: Holos.

Carvalho, G. L. (2011). O pai e sua função na cultura. *Cogito*, Salvador. Disponível em: <http://pepsic.bvsalud.org/scielo>.

Cesar, C. M. (Org.) (2002). O problema da tolerância em Paul Ricoeur. In ______. *A hermenêutica francesa de Paul Ricoeur.* Porto Alegre: Ed. EDIPUC-RS, Coleção Filosofia.

Cia, F., Williams, L. C. A. & Aiello, A. L. (2005). Influências paternas no desenvolvimento infantil: revisão da literatura. *Psicol. esc. Educ.*, 9(2), 225-233.

Cipullo, M. A. T. (2001). *Entre duas abordagens: diagnóstico psicorporal ao procedimento fenomenológico existencial.* Tese de Doutorado, PUC-SP.

Costa, R. G. (2002, jul.). Reprodução e gênero: paternidades, masculinidades e teorias da concepção. *Rev. Estud. Fem.*, Florianópolis, 10(2). Disponível em: <http://www.scielo.br/scielo>.

Crittelli, D. M. (1996). *Analítica do sentido: uma aproximação e interpretação do real de orientação fenomenológica.* São Paulo: Brasiliense.

Cunha, D.W. (2010). *Paternidade nas narrativas de homens pais: um olhar fenomenológico.* Tese de Doutorado. PUC-SP, São Paulo.

Dantas, C., Jablonski, B. & Feres-Carneiro, T. (2004). *Paternidade*: considerações sobre a relação pais-filhos após a separação conjugal. Ribeirão Preto, SP: Paideia, 14(29).

Demo, P. (2004). Pesquisa participante: saber pensar e intervir juntos. *Série pesquisa em educação, 8*. Brasília: Líber Livros.

Espósito, V. H. C. (1993). *A escola: um enfoque fenomenológico.* São Paulo: Ed. Escuta.

______. (2001). Hermenêutica. In *Dicionário em construção*: interdisciplinaridade. São Paulo: Cortez, 238-241.

Espósito, V. H. C. & Bicudo, M. A. V. (Orgs.). (1997). *Joel Martins... Um seminário avançado em fenomenologia*. São Paulo: Ed. Educ.

Faria, D. L. A. (2007, jun.). Paternidade de filhos adolescentes: a crise do meio da vida e o processo de individuação masculino. *Bol. psicol*, São Paulo, 57(126). Disponível em: <http://pepsic.bvsalud.org/scielo>.

Feres-Carneiro, T. & Magalhães, A. S. (2008). Novas configurações familiares e as repercussões em psicoterapia de família, *Revista Brasileira de Psicoterapia*, *10*(2), 7-16.

Feres-Carneiro, T. (1998). Casamento contemporâneo; o difícil convívio da individualidade com a conjugalidade. *Psicologia: Reflexão e Crítica*, Porto Alegre, [on-line], 11(2).

______. (2003). Separação: o doloroso processo de dissolução da conjugalidade. *Estud. psicol.* Natal, 8(3).

Forghieri, C. Y. (2004). *Psicologia fenomenológica – fundamentos, método e pesquisas*. São Paulo: Ed. Pioneira.

Freire, P. (1970). *Educação como prática da liberdade*. Rio de Janeiro: Paz e Terra.

______. (1987). *Pedagogia do oprimido*. Rio de Janeiro: Paz e Terra.

Freitas, W. M. F., Coelho, E. A. & Silva, A. T. M. C. (2007). Sentir-se pai: a vivência masculina sob o olhar de gênero. *Cad. Saúde Pública*, [on-line], 23(1), 137-145.

Freitas, W. M. F. (2009). Paternidade: responsabilidade social do homem no papel de provedor. *Rev. Saúde Pública*, [on-line], 43(1), 85-90.

Freud, S. (2006). *Edições Standard Brasileira das Obras Completas de Sigmund Freud, 24 volumes, 1856-1939*. Rio de Janeiro: Ed. Imago.

______. (2006). *O inconsciente,* In Obras completas, XIV. Rio de Janeiro: Ed. Imago.

Gadamer, H. G. (1997). *Verdade e método I*. Petrópolis, RJ: Ed. Vozes.

Gadamer, H. G. (2002). *Verdade e método II*. Petrópolis, RJ: Ed. Vozes.

Gagnebin, J. M. (1997, ago.). Uma filosofia do cogito ferido: Paul Ricoeur. *Estud. Av., 11*(30), 261-272.

Garrido, S. V. (2002). A hermenêutica do si e sua dimensão ética, In *A hermenêutica francesa: Paul Ricoeur*, Porto Alegre: EDIPUC-RS, Coleção Filosofia.

Giorgi, A. (1990). Phenomenology, psychological science and common sense. In *Sage publications.* London: Gun R. Semin and Kenneth J. Gergen, 65-82.

Goffman, E. (1988). *Estigma, notas sobre a manipulação da identidade deteriorada*. Rio de Janeiro: Guanabara Koogan.

______. (1996). *A representação do eu na vida cotidiana*. Petrópolis, RJ: Ed. Vozes.

Gomes, A. J. S. & Resende, V. R. (2004, ago.). O pai presente: o desvelar da paternidade em uma família contemporânea. *Psic.: Teor. e Pesq.*, Brasília, 20(2). Disponível em: <http://www.scielo.br>.

Gomes, L. S. R. (2006). *O pensamento fenomenológico na formação do psicólogo: uma experiência de ensino na graduação*. Tese de Doutorado. PUC-SP, São Paulo.

Hall, C. & Lindzey, G. (2000). *Teorias da personalidade*. Porto Alegre: Artmed.

Heleno, J. M. M. (2001). *Hermenêutica e ontologia em Paul Ricoeur*. São Paulo: Instituto Piaget.

Hennigen, I. & Guareschi, N. M. F. (2002). A paternidade na contemporaneidade: um estudo de mídia sob a perspectiva dos Estudos Culturais. *Psicol. Soc,* [on-line], 14(1), 44-68.

Husserl, E. (1975). Investigações lógicas. In *Os pensadores*. São Paulo: Victor Civita.

______. (1990). *A ideia da fenomenologia*. Rio de Janeiro: Edições 70.

______. (1992). *Conferências de Paris*. Rio de Janeiro: Edições 70.

______. [s.d.] *Filosofia como ciência do rigor*. Oficinas da Atlântida, Coimbra.

Koltai, C. (2008, maio). Complexo de Édipo: novas mulheres, novos homens, novas psicopatologias. *Lat. Am. J. Fundam. Psychopathol,* [on-line], São Paulo, 5(1). Disponível em <http://pepsic.bvsalud.org>.

Lobo, A. (2011). Função paterna, luto e melancolia. *Cogito*. Salvador. Disponível em <http://pepsic.homolog.bvsalud.org/scielo>.

Luz, A. M. H. & Berni, N. I. O. (2010, fev.). Processo da paternidade na adolescência. *Rev. Bras. Enferm.*, Brasília, 63(1). Disponível em <http://www.scielo.br/scielo>.

Marino, M. J. (2002). *Vir a ser psicodramatista: um caminho de singularização em coexistência*. Tese de Doutorado. PUC-SP, São Paulo.

Martinelli, V. & Lo Bianco, A. Viver bem no mal: a ética psicanalítica da paternidade. *Psicol. clin.*, Rio de Janeiro, 18(2), 2006. Disponível em: <http://www.scielo.br/scielo>.

Martins. J. (Org.) (1984). Psicologia da cognição. In *Temas fundamentais de fenomenologia.* São Paulo: Morais.

______. (Org). (1984). Método em fenomenologia. In *Temas fundamentais de fenomenologia*. São Paulo: Ed. Morais.

______. (1989). *A pesquisa qualitativa em psicologia.* São Paulo: Educ.

Merleau-Ponty, M. (1996). *Fenomenologia da percepção.* São Paulo: Martins Fontes.

Minayo, M. C. S. (1996). *O desafio do conhecimento*. São Paulo: Hucitec.

Morato, H. T. P. (2007). *Pesquisa interventiva e cartografia na prática psicológica em instituições*. São Paulo, Pontifícia Universidade Católica de São Paulo, CD, Simpósio Nacional de Práticas Psicológicas em Instituição – Fronteiras da Ação Psicológica: entre Educação e Saúde.

______. (2009). *Aconselhamento psicológico numa perspectiva fenomenológica existencial: uma introdução*. Rio de Janeiro: Guanabara Koogan.

Moscovici, S. (1978). *A representação social da psicanálise*. Copyright, 1961 by Presses Universitaires de France. Rio de Janeiro: Zahar.

Piaget, J. (1994). *O juízo moral na criança*. (Elzon Leonardon, Trad.). São Paulo: Summus.

______. (2002). *Epistemologia genética*. (Álvaro Cabral, Trad.). São Paulo: Martins Fontes.

______. (2002). *A construção do real na criança*. São Paulo: Ática.

Pereira, O. (1995). *O que é teoria*. Coleções Primeiros Passos. São Paulo: Brasiliense.

Poster, A. (1979). *Teoria crítica da família*. Rio de Janeiro: Ed. Zahar.

Ricoeur, P. (1976). *Teoria da interpretação*. Lisboa/Portugal: Edições 70.

______. (1978). *O conflito das interpretações*: Ensaios de hermenêutica. Rio de Janeiro: Ed. Imago.

______. (1988). *Interpretação e ideologias*. Rio de Janeiro: Francisco Alves.

______. (1991). *O si-mesmo como um outro*. São Paulo: Ed. Papirus.

______. (1994). *Tempo e narrativa, tomo I*. São Paulo: Ed. Papirus.

______. (1995). *Tempo e narrativa, tomo II*. São Paulo: Ed. Papirus.

______. (1997). *Tempo e narrativa, tomo III*. São Paulo: Ed. Papirus.

Rodrigues, A. L. F. P. (2010, jun.). The barriers of paternal authority in the learning process: a psychoanalytical appr. *Constr. psicopedag.*, São Paulo, 18(16). Disponível em <http://pepsic.bvsalud.org/scielo.php?pid=S1415-69542010000100002&script=sci_arttext>.

Rodrigues, A. (2005, ago.). As novas formas de organização familiar: um olhar histórico e psicanalítico. *Rev. Estud. Fem.*, Florianópolis, 13(2). Disponível em: <http://www.scielo.br/scielo>.

Romanelli, G. (2003). Paternidade em famílias de camadas médias. In *Estudos de pesquisa em psicologia*. Rio de Janeiro, *3*(2), 79-95.

Rosa, M. (2008, dez.). Ser um homem segundo a tradição? *Fractal, Rev. Psicol.*, Rio de Janeiro, 20(2). Disponível em: <http://www.scielo.br/scielo>.

Santos, J. H. (1973). *Do empirismo à fenomenologia*. Portugal: Livraria Cruz. Coleção Filosofia. Braga.

Schmidt, M. L. S. (2005). *Ensaios indisciplinados, aconselhamento psicológico e pesquisa participante*. Tese de Livre-Docência. USP, São Paulo.

Shorter, E. (1975). *A formação da família moderna*. Lisboa/Portugal: Ed. Terramar.

Silva, M. L. P. F. (1992). *A hermenêutica do conflito em Paul Ricoeur*. Coimbra, Portugal: Livraria Minerva.

Silverstein, L. & Auerbatch, C. (1999, jun.). Desconstructing the essential father. In *American Psychologist Association, 54*, 397-407.

Szymanski, H. (1995). Teorias e "teorias" de famílias. In *A família contemporânea em debate*. São Paulo: Educ.

______. (2002). Entrevista reflexiva: um olhar psicológico sobre a entrevista em pesquisa. In: *A entrevista na pesquisa em educação: a prática reflexiva*. Brasília: Plano.

______. (2003). *A relação família e escola: Desafios e perspectivas*. Brasília: Ed. Plano.

______. (2004). *A prática reflexiva com famílias de baixa renda*. In II Seminário Internacional de Pesquisas e Estudos Qualitativos. Bauru. Anais. SEPQ.

______. (2006). *Práticas educativas familiares e o sentido da constituição identitária*. Ribeirão Preto: Paideia, 16(33), 81-90.

Thiollent, M. (1996). *Metodologia da pesquisa-ação*. São Paulo: Ed. Cortez.

______. (Org.). (2006). *Pesquisa-ação e projeto cooperativo na perspectiva de Henri Desroche*. São Carlos, SP: Ed. Edufscar.

Thurler, A.L. (2006, dez.). Outros horizontes para a paternidade brasileira no século XXI. *Soc. Estado.*, Brasília, 21(3). Disponível em <http://www.scielo.br>.

Trindade, E. (2003). *Hermenêutica do existir do homem de meia idade – paternidade, sexualidade e projetos de vida.* Tese de Doutorado. USP, Ribeirão Preto.

Trivinos, A. N. S. (1987). *Introdução à pesquisa em ciências sociais: A pesquisa qualitativa em educação.* São Paulo: Atlas.

Unbehaum, S. G. (2000, jul.). *Experiência masculina da paternidade nos anos 1990: estudo de relações de gênero com homens de camadas médias.* Tese de Doutorado. São Paulo, Universidade de São Paulo. Faculdade de Filosofia, Letras e Ciências Humanas.

______. (Org.) (2001). A desigualdade de gênero nas relações parentais: o exemplo da custódia dos filhos. In______. *Homens e masculinidades.* São Paulo: Editora 34.

______. (2001). Paternidades e masculinidades em contextos diversos. *Rev. Estud. Fem.*, Florianópolis, 9(2). Disponível em: <http://www.scielo.br/scielo>.

Vygotsky, L. S. (1994). *A formação social da mente: o desenvolvimento dos processos psicológicos superiores.* São Paulo: Martins Fontes.

ANEXO: TERMO DE CONSENTIMENTO LIVRE E ESCLARECIDO PARA GRAVAÇÃO E APROVAÇÃO NO COMITÊ DE ÉTICA

I – IDENTIFICAÇÃO DOS PARTICIPANTES DESTA PESQUISA

NOME COMPLETO :

____

____

CÉDULA DE IDENTIDADE – RG nº. ____________________

DATA DE NASCIMENTO: ____/_____/______

NATURALIDADE : ___________________________

ESCOLARIDADE: ____________________________________

____

ENDEREÇO COMPLETO:

____

____

BAIRRO: ______________________________

CIDADE: ______________________________

CEP: ____________________ TEL: _______________________

III – DADOS SOBRE A PESQUISA CIENTÍFICA

TÍTULO DA PESQUISA: UM ESTUDO FENOMENOLÓGICO DO PROCESSO IDENTITÁRIO A PARTIR DE NARRATIVAS DE HOMENS PAIS NA CONTEMPORANEIDADE.

PESQUISADORES RESPONSÁVEIS: Profª Dra. Heloisa Szymanski, Prof. Ms. Gilberto Ferreira Barreiros. Prof. Ms. Denio Waldo Cunha

CARGO/FUNÇÃO: Profª do Programa de Estudos pós-graduados em Psicologia da Educação; alunos doutorandos do Programa de Estudos pós-graduados em Psicologia da Educação.

III – AVALIAÇÃO DO RISCO DA PESQUISA: sem risco (Não há probabilidade de que o indivíduo sofra eventualmente algum dano como consequência imediata ou tardia desse estudo).

IV – EXPLICAÇÕES DO PESQUISADOR E TERMO DE COMPROMISSO QUANTO À NATUREZA DA PESQUISA

Este trabalho de pesquisa teve como objetivo compreender o processo de constituição identitária de homens pais a partir das narrativas de suas experiências em relação a suas práticas educativas para com seus filhos. Este trabalho poderá auxiliar práticas que visem a construção de projetos futuros no âmbito da Psicologia da Educação. A participação tem caráter opcional e voluntário, sem qualquer obrigatoriedade. Entretanto, seus relatos são de extrema importância para o desenvolvimento do conhecimento no âmbito da Psicologia da Educação. Fica garantido aos sujeitos da pesquisa a confidencialidade, a privacidade e o sigilo das informações individuais obtidas. Os resultados deste estudo podem ser publicados em artigos, livros científicos, como também poderão ser apresentados em congressos profissionais, mas as informações pessoais que possam identificar o indivíduo serão preservadas. As entrevistas serão gravadas e posteriormente transcritas.

V – ESCLARECIMENTOS DADOS PELOS PESQUISADORES SOBRE GARANTIAS AOS PARTICIPANTES

Ficam garantidos aos indivíduos da pesquisa:

O acesso, a qualquer tempo, às informações sobre procedimentos, benefícios relacionados à pesquisa, inclusive para dirimir eventuais dúvidas.

A salvaguarda da confidencialidade, sigilo e privacidade.

O direito de retirar-se da pesquisa no momento em que desejar.

VI – INFORMAÇÕES DE NOME, ENDEREÇOS E TELEFONES DOS RESPONSÁVEIS PELO ACOMPANHAMENTO DA PESQUISA, PARA CONTATO EM CASO DE DÚVIDAS.

Prof[a]. Dra. Heloisa Szymanski, Denio Waldo Cunha,
Gilberto Ferreira Barreiros.
Programa de Estudos Pós-graduados em Psicologia da Educação – PUCSP
Rua Monte Alegre, nº 964 – Perdizes – São Paulo
Fone: (11) 3670-8527.

VII – CONSENTIMENTO LIVRE E ESCLARECIDO

Declaro que, depois de convenientemente esclarecido pelo pesquisador e de ter entendido o que me foi explicado, consinto em participar do presente Protocolo de Pesquisa.

São Paulo / /

____

Nome do participante e RG

____

Nome do participante e RG

____

Nome do participante e RG

____

Nome do participante e RG

____

Nome do participante e RG

____

Nome do participante e RG

____

Nome do participante e RG

____

Nome do participante e RG

Nome do participante e RG

Nome do participante e RG

Nome do participante e RG

Nome do participante e RG

Nome do participante e RG

Nome do participante e RG

Impresso por :

Graphium
gráfica e editora

Tel.:11 2769-9056